AF462767

Le Vrai RODIN

IL A ÉTÉ TIRÉ A PART, DE CET OUVRAGE :

20 exemplaires numérotés de 1 à 20 sur papier du Japon, des manufactures Impériales.

20 exemplaires numérotés de 21 à 40 sur papier Hollande, de Van gelder-Zonen, d'Amsterdam.

N° ....

Le Vrai
RODIN

NOMBREUSES ILLUSTRATIONS HORS TEXTE, REPRODUCTIONS D'ŒUVRES ET PHOTOGRAPHIES PRISES A L'HOTEL BIRON ET A MEUDON, AVEC DES COMMENTAIRES

PAR

GUSTAVE COQUIOT

ÉDITIONS JULES TALLANDIER
75, RUE DAREAU, 75, PARIS (14e)

PORTRAITS DE RODIN

CONSIDÉRONS certains de ses portraits à ce jour. Hommes de lettres, peintres et sculpteurs ont représenté Rodin à leur façon ; et elle n'est pas souvent excellente !

Aussi bien, il ne fut guère possible de fixer littérairement, ou par le modelé ou par la couleur, une personnalité aussi touffue et aussi complexe que la sienne ; et l'on n'a guère pu, même après une étude approfondie, qu'en inscrire que des aspects, qui sont bientôt devenus, cependant, pour la plupart des gens, de suffisants « clichés ».

Il sied, néanmoins, de parler de quelques-uns de ces portraits, au moins des plus connus, en commençant par deux portraits « littéraires », également curieux.

Le premier, M. Léon Riotor l'a signé. Ce critique d'art et ce bon poète nous dit :

« L'homme vient à vous, *les vêtements tachés de plâtre*, hésitant et timide. Une médaille de Ringel le montra, les cheveux drus, la barbe *flavescente*, l'œil naïf mais *positif*. Le front est puissant, le nez *inquisiteur*, le bas du visage noyé dans sa lourde barbe, sur une de « ces « fortes encolures aimées de Balzac (ceci emprunté « à M. Daniel Baud-Bovy), qui unissent plus intime- « ment le cœur au cerveau ». *Il a des étonnements bon enfant.* Le buste un peu épais, tel que le révèle ailleurs Mlle Claudel, *trapu et tranquille, son geste a de la force. Vous examinant sans que vous vous en doutiez,* il prend des notes, et prolongeant les contemplations silencieuses, vous écoute volontiers sans vous entendre. *Ses yeux ont des abîmes lointains.* »

Ici, je fais tout de suite une confession, dont M. Léon Riotor, je l'espère, ne me gardera pas rancune.

J'ai cru devoir souligner les phrases qui relèvent évidemment de la Littérature, ou plus exactement qui pourraient convenir à un tout autre artiste que Rodin.

D'autre part, il est étonnant de voir que M. Riotor s'en rapporte à une médaille de Ringel, pour commencer la « description » du maître qu'il admire ; car cette médaille est notoirement incomplète, et, ce qui est plus grave, banale.

Il y a bien aussi cette phrase : *les vêtements tachés de plâtre,* qui fera un peu sourire ; car elle est trop conventionnelle ; mais, j'en conviens, cette phrase aide beaucoup à camper un portrait qui s'adresse surtout à la majorité des visiteurs des Salons.

Voyons, maintenant, le second portrait littéraire.

Celui-ci a pour auteur M. Gustave Geffroy, l'éminent critique d'art, qui dirige avec tant de clairvoyante intelligence la manufacture des Gobelins.

Voici ce portrait tout au long : « L'homme, il est là devant vous, *les vêtements tachés de plâtre,* (qu'il me soit permis de souligner encore certaines phrases !) *les mains poissées de terre glaise.* Il est petit, *trapu et tranquille.* Tous les traits du visage apparaissent à la fois, car tous ils sont caractéristiques. Entre les cheveux coupés court et la longue barbe qui descend à flots blancs sur la poitrine (évidemment ceci remplace l'épithète *flavescente,* soulignée plus haut), un visage fin, passant du distrait au soucieux, et du soucieux au souriant, se masque de préoccupations et s'éclaire de joie paisible et de sérénité silencieuse. Le front, un peu mystique et vaguement *ogival,* mais très étendu et bien bossué, est fait pour enclore et pour sceller des pensées nombreuses. Le nez droit achève un profil comme *les profils de moines sculptés aux portails des cathédrales.* Mais ce moine paterne et subtil est armé de volonté ; hanté dans sa cellule d'artiste par les inquiétudes et aussi par les certitudes modernes. Le regard et la voix sont dans un accord rare, regard aigu et brillant, qui rassemble la lumière et la couleur bleu pâle de l'œil, voix douce, intime, pénétrante, avec *un étonnement bon enfant* et un rien de causticité toujours présent dans le rire. »

Le portrait, certes, est achevé; et il tient, celui-ci, et de la Littérature et de la Sculpture.

M. Léon Riotor, le premier, l'a fort goûté ; car il lui a beaucoup emprunté ; mais cela ne gêne pas, cela précise, au contraire, et fixe davantage le « cliché » dans les mémoires paresseuses.

On a lu encore que Rodin « avait », quand il apparut à M. Geffroy : *les vêtements tachés de plâtre, les mains poissées de terre glaise* ; mais ce détail, abondant, est peut-être, somme toute, utile, pour bien se représenter un sculpteur, même illustre !

Quoi qu'il en soit, si nous confrontons ces deux portraits, ils nous permettent de retenir des points principaux, assez importants, ma foi ! pour dresser « le portrait littéraire » de Rodin.

Aussi bien, du reste, si l'on s'imposait l'affligeante corvée de débusquer d'autres portraits de tant de gazettes et de revues, l'on aurait bientôt à endiguer un tel flot de sottises et de jugements ridicules, que la tâche serait au-dessus du plus extraordinaire courage !

En effet, de cet homme si simplement épris de son travail, si simplement admirable statuaire, n'a-t-on pas osé écrire qu'il était thaumaturge, apôtre et mage, et bien d'autres choses encore ? et, bien entendu, ce sont surtout les femmes dites de lettres qui se sont hystérisées à le recouvrir de ces absurdes et niaises louanges.

Et ce n'est pas tout ! Ont-elles, en effet, assez multiplié les conférences consacrées à Rodin, — pour ne rien dire, pour rabâcher les plus déplorables « ponts-neufs », pour arriver à détourner du grand statuaire de pacifiques auditeurs, ahuris par tant de propos jetés à tort et à travers !

Dans ces conditions, il est donc tout à fait indiqué de s'en tenir aux deux portraits qui résument, au fond, tout ce qu'il est nécessaire de connaître, pour l'instant, du moins.

D'ailleurs, il y a maintenant les renseignements fournis par les peintres et par les sculpteurs.

Examinons-en donc quelques-uns.

Je me bornerai aux portraits que Rodin, fidèle à ses amitiés, conserve en sa villa de Meudon, et que, de concert avec Karl Boès, nous eûmes le plaisir de reproduire, en 1900, dans un numéro spécial de *la Plume*.

Le premier portrait en date est un portrait de jeunesse, par Barnouvin.

Il est sommaire et fruste, sans indication véritable. C'est un Rodin sans moustache et sans barbe. Ce Barnouvin était un peintre consciencieux, mais peu habile. C'est une œuvre exécutée par un Holbein de hameau.

En 1882, Alphonse Legros, l'excellent peintre-graveur français, retiré et mort à Londres, a fait, lui, un portrait plus substantiel, et, heureusement, plus vivant.

C'est un profil brutal et fort, tenace et résolu. Une très belle œuvre ! Néanmoins, ne la confrontez pas avec le portrait écrit par M. Léon Riotor : vous seriez déconcerté.

Certes, il y a des années d'écart entre ces deux verdicts ; mais l'un n'est pas du tout contenu dans l'autre. Je ne veux pas rechercher lequel des deux s'est trompé ; mais celui-là, il s'est trompé singulièrement.

Eugène Carrière, on s'y attend, a portraituré aussi Rodin. Car Carrière était hanté, comme Pierre Petit, du désir de portraiturer tous les gens notoires ou sur le point de l'être.

En dehors de ces gens-là et de sa famille, rien, à peu près, ne l'intéressait.

C'est pourquoi la plupart des critiques et tous les « amateurs d'art » n'ont point manqué de répéter à satiété qu' « il était un peintre de forte culture » !

Eugène Carrière s'est donc attaqué à Rodin, même plusieurs fois. Il y a un portrait peint et une lithographie : Rodin de face, et Rodin, dans un clair-obscur, modelant une de ses œuvres.

Le Rodin de face est une interprétation hors de toute mesure. Aucune ressemblance physique ou morale. Une effigie peinte avec virtuosité, sans aucun doute, avec beaucoup de profondeur ; mais rien de Rodin, très certainement !

La lithographie, elle, est plus proche de la vérité. Elle comporte un intérêt dramatique à peu près suffisant.

C'est un Rodin volontairement nuageux, toutefois, dont la main en avant est sans anatomie puissante. C'est une image qui plaît ; mais, pour l'admirer vraiment, il ne faut pas trop connaître le maître, autrement rageur au travail.

Trois tentatives picturales restent, puis un dessin tout à fait louable qu'a signé J.-F. Raffaëlli et un portrait de Rodin par lui-même.

La première des trois huiles est de ce peintre exotique qui a considéré la peinture comme un flux d'humeurs coloriées : elle est de John Sargent qui revit, aujourd'hui, dans ce pommadin de la mode qui se nomme Boldini.

John Sargent a représenté Rodin de telle façon que c'est, à coup sûr, un outrage à l'amitié.

Les yeux sont mornes et tout le visage est languissant. C'est une peinture faite comme après une nuit de veille, une gageure !

Par contre, M. Jean-Paul Laurens, qui personnifie si parfaitement par sa vulgarité l'Institut, a vu en Rodin un ascète au visage émacié, aux yeux battus de fièvre dans des orbites trop creuses.

Pour qui a *vu, réellement vu* Rodin, si vivant, si fort, si alerte toujours, il est bien impossible de croire à la sincérité d'un tel portrait.

Enfin, la troisième de ces tentatives.

Elle est, heureusement, celle-ci, d'une fantaisie supérieure.

Elle représente un Rodin coiffé d'une calotte franque, et elle compose le simple détail d'une frise, que le Panthéon, avec tant d'autres laideurs, hospitalise. J'avoue, pour être juste, que l'on reconnaît mieux ses voisins Gambetta et Clemenceau. Ce dernier est même représenté ici tel qu'un parfait Tartare.

Voyons l'apport des sculpteurs.

D'abord, le buste exécuté par Mlle Camille Claudel.

Ce buste, qui a été très inspiré par Rodin — des parties de modelé, à dire vrai, le laissent croire — n'est pas, néanmoins, autrement impressionnant.

Il réédite l'air morne que M. Jean-Paul Laurens a si bien figé dans son portrait.

Assurément, après l'avoir considéré bien souvent,

je n'ai jamais retrouvé dans ce buste « le front un peu mystique et vaguement ogival », qui est une des trouvailles littéraires du portrait écrit par M. Geffroy ; — et non plus « ce profil comme les profils de moines sculptés aux portails des cathédrales » !

Jules Desbois a modelé également un buste d'après Rodin ; mais, malgré de nombreuses séances, il ne s'en déclara point satisfait ; et, cependant, Desbois est un habile sculpteur, qui a signé maintes fois d'admirables bustes.

Rodin, « très complaisant modèle », a posé encore devant d'autres modeleurs ; mais il est plus décent de ne pas même mentionner ces vaines tâches. Rodin par Dalou, voilà quel était le buste à faire ! Mais les deux amis se séparèrent, désunis, comme je le dirai plus loin, par la commande du *Monument à Victor Hugo*.

Les autres portraits de Rodin, il me reste à considérer celui que J.-F. Raffaëlli a dessiné pour la *Revue illustrée;* et le portrait de Rodin par lui-même.

A vrai dire, le premier de ces portraits est très près du modèle ; il le certifie à l'époque où il fut exécuté.

L'attention qu'apporte ici le sculpteur à modeler une petite figure, posée sur une selle, est autrement attachante que le geste flou qui caresse, dans la lithographie de Carrière.

On voit un Rodin méditatif, attentionné, très solidement campé malgré le flottement de la longue blouse de travail.

Le profil est nettement vigoureux ; le front est têtu,

un peu bas ; il bute presque contre la statuette. Il y a l'acharnement du créateur; tout ce dessin est volontaire, tendu.

C'est un des meilleurs de la bonne douzaine d'excellents portraits que Raffaëlli a réalisés d'après certains de ses amis.

En attendant la véritable effigie d'aujourd'hui, c'est, à la date d'hier, une vivante et caractéristique physionomie de Rodin.

Mais, certes, le portrait de Rodin par lui-même est le plus curieux.

C'est un dessin au crayon, tout à fait significatif, et qui fait partie aujourd'hui de la très belle collection de M. Olivier Sainsère, le conseiller d'Etat.

Ce portrait représente Rodin de face, vers la cinquantaine. Il est divisé en deux parties très nettes : lumière et ombre. Le caractère en est violemment marqué; et le regard est bien celui d'un visionnaire ardent.

Ce dessin est tout désigné pour le Musée du Louvre. Il y prendra sa place au milieu des plus merveilleux dessins de maîtres.

Maintenant — et pour en terminer ! — faut-il dire un mot des portraits de Rodin, livrés par tous les photographes du monde ?

Ma foi ! ces choses-là, nombreuses pourtant, contiennent trop, en général, de maladroites retouches. Je passe aussi sous silence bien d'autres essais stupéfiants — en exceptant toutefois, j'y pense, un intéressant profil de Rodin, dessiné par M. Loys Delteil ; — et, ceci dit, qu'on n'attende pas de moi, à présent, le portrait du *vrai* Rodin.

Et voici pour quelle raison : parce que, tout simplement, je crois qu'il est tout à fait impossible de le faire. On ne résume pas en quelques lignes, et même en un livre — qui ne se peut accompagner de lettres, de souvenirs intimes, de mémoires au jour le jour — une telle personnalité !

Est-ce donc par désir de mystification que j'ai écrit, sur la couverture de ce livre : Le *vrai* Rodin ?

Assurément non ! Je voulais — et je veux seulement faire entendre ici que, toutes les fois que j'en aurai l'occasion, je chercherai à donner des notes prises à bon escient ; je fixerai quelques points jusqu'à ce jour imprécis ; — et je ne chercherai pas autre chose ! J'estime que c'est là une tâche suffisante, pour le moment. Plus tard, quand on pourra tout raconter, il sera alors possible, vraiment, à celui-là qui sera bien renseigné, d'écrire un livre plus attachant, certes, que tous les romans du monde !

Cela affirmé, me voilà à l'aise. Je ne vais écrire, concernant le vrai Rodin, qu'une manière d'esquisse, que, plus tard, on « augmentera », comme on dit en argot de sculpteur.

Oh ! je le dis d'avance : c'est alors que beaucoup de légendes et de racontars se multiplieront ; car nul n'est plus accueillant que Rodin. Et qui, en conséquence, l'ayant approché, ne voudra inventer sur lui son anecdote ?

Évidemment, il y aura beaucoup moins à dire sur un

Degas, un Claude Monet ou un Renoir ; car ceux-là, ils ont défendu leur porte ; et personne n'osera se vanter d'une « intimité », qui serait risible aux yeux mêmes des moins informés.

En effet, on se répète des mots cruels de Degas ; on commente plus ou moins utilement l'œuvre de Renoir et celle de Monet ; mais c'est tout ! Quand on veut en raconter davantage, on reste interdit !

Rodin, lui, au contraire, a cru au monde (mais Velazquez, Rubens, ont été, eux aussi, des artistes de ce genre); son extrême politesse lui a fait perdre du temps à recevoir, à assister à des banquets et à des fêtes qu'on lui imposait ; et, certes, l'on ne peut pas avancer que cela lui a mal réussi, puisqu'il est devenu une sorte de héros universel.

Et qu'avons-nous, au bout du compte, à y voir ?

Mais, d'ailleurs, il n'a pas rencontré que des importuns ! il sait qu'il peut compter sur des amitiés sincères.

C'est de l'une d'elles que je voudrais parler tout de suite ; car elle est, celle-là, pour Rodin, sans limite.

M....., appelons-le Dupré, par exemple..., M. Dupré, donc, est un avisé dilettante, que le tout-Paris artiste recherche.

Oh ! je n'ignore pas que ce mot : *dilettante*, ne convient guère à cet homme qui s'est jeté avec frénésie dans les ateliers de tous les véritables artistes. *Dilettante*, c'est presque, aujourd'hui, un terme injurieux. Hüysmans en a fait le divertissant procès que l'on sait, dans *Certains*. Un *dilettante*, c'est, en somme, le plus cuistre des *amateurs*.

C'est fort bien ! Mais M. Dupré a commencé par être un grand voyageur, à aimer les prodigieux spectacles maritimes, avant que de se réfugier à Marseille, où il y a encore de la mer admirable ; et c'était entre ses congés d'autrefois qu'il venait à Paris, qu'il visitait un atelier, puis un autre ; qu'il achetait, toutes les fois qu'il le pouvait, estimant avec raison que les meilleurs éloges à un artiste consistent surtout dans l'achat de l'une de ses œuvres.

Et cette enviable vie a duré longtemps, errante d'Angkor au Japon, ou des Indes au Brésil. Bien souvent, de quart sur son bateau, M. Dupré rêvait.

Il rêvait à la Beauté, à de belles peintures, à de belles sculptures, à de beaux livres ; et, vite, dès qu'il débarquait à Brest, à Cherbourg, à Marseille, ou à Bordeaux, il accourait à Paris, près de vous : Desbois, Charles Maurin ; — et, pour le bouquet, il allait rendre visite à Rodin.

Il trouvait qu'on n'accordait jamais une justice assez complète à ce statuaire. Il vous enflammait de ses propos. Il inventait chaque jour des termes colorés pour le glorifier.

Je me souviens ainsi d'une réunion au *Café de Fleurus*, qui dégénéra en tumulte.

Comme certains des assistants vantaient ce soir-là l'Institut, et toute la sculpture fléchissante. M. Dupré se leva, magnifique, et, pendant plus d'une heure, il pérora, anathématisant, avec des mots convaincants, tout le labeur si inconnu aujourd'hui des Thomas et des Dumont, alors professeurs à l'Ecole des Beaux-Arts.

Ce fut lyrique et ce fut superbe. Puis, le discoureur loua Rodin.

Une entière gratitude nous étreignait, nous, encore dans les ateliers, pour tant de beauté expliquée avec cette ferveur.

Rodin, ce soir-là, nous fut commenté, expliqué, imposé avec une force et un courage expressifs.

C'était le temps, précisément, où l'*Age d'airain* s'oxydait dans une petite allée du jardin du Luxembourg. On avait placé cette statue au hasard; à l'Adminis tration des Beaux-Arts, il ne faut pas en demander trop!

Pour une *troisième médaille* au Salon — s'exclamait-on à l'Ecole et à l'Institut — c'était certes une trop belle place !

La *Velléda*, de Maindron, et le *Roland furieux*, de Jehan du Seigneur, « œuvres pourtant bien supérieures à l'*Age d'airain* ! » n'avaient pas été aussi bien traités ; et il y eut, je me souviens, à l'Ecole, une pétition pour demander l'enlèvement de cet « homme nu, si manifestement incompréhensible, qu'on l'avait appelé successivement le *Soldat blessé*, le *Réveil de l'humanité*, l'*Age d'airain* » !

Pauvre Jardin, pauvre Musée du Luxembourg, que de sottises ils entendaient alors !

Je me rappelle également qu'un de nos professeurs daignait nous conduire lui-même au Musée, pour tâcher de nous imposer l'admiration des œuvres de Bonassieux et de Dumont. Falguière, si sage pourtant et bien que professeur à l'Ecole, était, par contre, tenu en moindre estime. S'il ne faisait pas de la meilleure sculpture que ses collègues, il en pressentait une autre ; c'était suffisant pour lui attirer des sarcasmes.

Son *Jeune chrétien blessé* ralliait, seul, quelques partisans.

Un détail technique : par haine de Rodin, on ne se contentait pas de laver la terre pendant l'exécution de la figure de la semaine, on la lavait encore quand on la jugeait terminée ! Le cliché : « Rodin modèle avec des trous ! » date de ce temps-là.

Ah ! l'on n'en était pas à une sottise près !

C'est avec M. Dupré que, pour la première fois, j'ai visité l'atelier si honni de la rue de l'Université, par une belle matinée de juin, avec du soleil plein la cour du Dépôt des Marbres.

Tel que m'apparut Rodin, M. Gustave Geffroy, aux premières pages, vous l'a dit, tenez !... Toutefois, je ne crois pas que, de ma première visite, j'aie retenu une si complète description physionomique.

Heureusement, M. Dupré parlait.

Il avait, à propos d'une petite figure, entamé un discours sur les temples cambodgiens ; et, intarissablement, il bavardait.

Rodin l'écoutait en souriant, et en hochant la tête ; il avait l'air de s'intéresser extrêmement à ce que son ami disait ; mais, comme le discoureur ne tenait pas en place, tournant sans cesse autour des selles, menaçant peut-être pour les plâtres posés dessus, Rodin le suivait, les bras tendus, pour protéger ses œuvres.

J'étais, moi, un peu interdit, et je redoutais une catastrophe : une figure tombant quand même, ou M. Dupré chancelant sur une terre fraîchement modelée.

Heureusement, tout se passa sans encombre.

Dans un second atelier, la *Porte de l'Enfer* se dressait.

C'était elle surtout qui attirait les visiteurs.

On la venait voir comme une des merveilles du monde ; et elle justifiait ce que l'on en racontait.

Par la porte ouverte de l'atelier, le soleil entrait à pleins rayons et baignait les petites figures, accrochées après la *Porte*, ou amoncelées pêle-mêle à sa base.

Et il y avait une autre damnation éparse dans l'atelier : des corps prostrés, des jets éperdus de bras, des dos bombés par l'effort, toute une mythologie réalisée avec une passion désordonnée.

Rodin, au milieu de cette œuvre poignante, se tenait maintenant sans un geste, M. Dupré ayant arrêté sa marche.

Et Rodin pouvait parler, à présent ; il expliquait des choses menues, la voix paisible, hésitante.

Il n'avait pas de révolte quand son interlocuteur lui parlait des batailles anciennes, et de toutes celles qu'il devrait encore livrer, parce qu'il était Rodin, simplement.

Il avait l'air, d'ailleurs, d'être parfaitement sûr de les gagner, ces futures batailles.

Mais ce n'était pas le fait d'une résolution exprimée par le verbe et par le geste ; même pas une affirmation volontaire, précise.

Rodin, tout naturellement, sans exprimer un mot à ce

sujet, croyait — c'était visible ! — en son obstination têtue, à sa patience qui caractérise, à n'en pas douter, la meilleure forme de son génie !

Je ne pense pas m'être trompé en comprenant ainsi son impassibilité souriante, devant les propos de son ami. Il se sentait fort, résolument, placidement. Il n'avait pas besoin de l'affirmer à haute voix, à quiconque. Il suffisait qu'il se le répétât pour lui, au profond de lui, à voix basse.

Et il comptait aussi beaucoup sur sa politesse.

Après bien des épreuves, elle est restée entière.

Alors, tous les samedis, rue de l'Université, ses ateliers étaient ouverts aux visiteurs.

Ils ne lui manquaient pas.

Il a nettement préparé son succès à l'Exposition de 1900, en accueillant tous les Américains, tous les Allemands, tous les Italiens, tous les Anglais, et jusqu'aux Scandinaves les plus exigeants.

Il avait eu cette sagesse de ne jamais se mêler aux parlottes de café. Il n'allait point dans les tavernes d'artistes. Il se tenait soigneusement à l'écart des « sculptiers » de l'Institut ou d'ailleurs, qui déversaient à pleins tombereaux, sur les places de Paris, les encombrants amas de leurs productions.

Aux premiers jours de la Société nationale des Beaux-Arts, on l'avait vu, cependant, assister aux opérations du Jury. Cela dura peu.

Aujourd'hui, il ne s'y rend plus. Ce bref stage d'écœurement lui suffit.

Il n'éprouve même plus d'intérêt à lutter contre la

jalousie épileptique de certains membres du Jury; et surtout contre ces louches conspirations, chuchotées dans de tristes conciliabules — et que l'arrivée du sculpteur Desbois, qui a toujours défendu Rodin avec chaleur, coupe d'un brusque : « Taisons-nous, voilà Desbois ! »

Piètre Société nationale, si amputée, en vérité, si débile qu'elle ne vit plus que de l'afflux du sang étranger !

Morne Société nationale où, en effet, les Suédois, les Moldo-Valaques, les Siamois, les Patagons abondent !

Lamentable cohue qui n'a pas su se donner des chefs tels que Degas, Renoir et Claude Monet !

Du reste, Rodin n'expose plus que de temps en temps dans la vaste et froide rotonde de cette bâtisse, que notre République si athénienne a prétentieusement appelée : Le Grand Palais !

C'est que, plus que jamais, il se rend compte qu'il demeure un extraordinaire barbare parmi la horde des exposants ; et il a entendu tant de sottises autour de ses fragments de statues, qu'il persiste à montrer ainsi que d'irrécusables témoignages d'incomparable modelé !

Comme tout se décroche et tombe, pourtant, malgré les armatures intérieures; comme toutes les statues sébacées fondent et coulent, dès qu'une main seulement, modelée par Rodin, apporte ici la vie frémissante! Une de ces mains dont Gustave Kahn a pu dire :

« Rodin est le sculpteur des mains, des mains furieuses, crispées, cabrées, damnées. En voici qui se tordent comme pour saisir le vide, le ramasser et le pétrir, en faire comme une boule de neige et de guignon à jeter sur le passant heureux ; en voici une formidable, qui rampe, violente, sillonnée de crevasses, avec un mouvement forcé de tentacules, avec un mouvement comme d'une bête forcée, éclopée, marchant encore vers un invisible ennemi sur des moignons sanglants ; en voici une qui s'écrase sur une surface lisse et vide, d'une pesée décidée, d'un agrippement inutile, les doigts glissant sur le vague comme l'argument d'innocence sur la cervelle du bourreau. Une autre semble encore tordue d'un violent effort pour retenir de l'or, une femme, une vérité, renoncer et laisser s'envoler la bulle irisée, et souffrir et trémuler encore de l'effort qui la contracte. »

Mais cela, je le sais, ne barre point les propos stupides ; fait surgir, au contraire, des anecdotes niaises, des racontars épuisés ; et des dos s'arrondissent, et des épaules se soulèvent, convulsées ; et des bouches, aux dents mauvaises, se contorsionnent : c'est la foule des « sculptiers » qui ricane !

Rodin entend ; il passe, impassible.

Il songe à sa sculpture, à son travail qu'il va reprendre tout à l'heure ; et, lui aussi, il sourit ; mais autrement !

Voilà un des aspects du vrai Rodin !

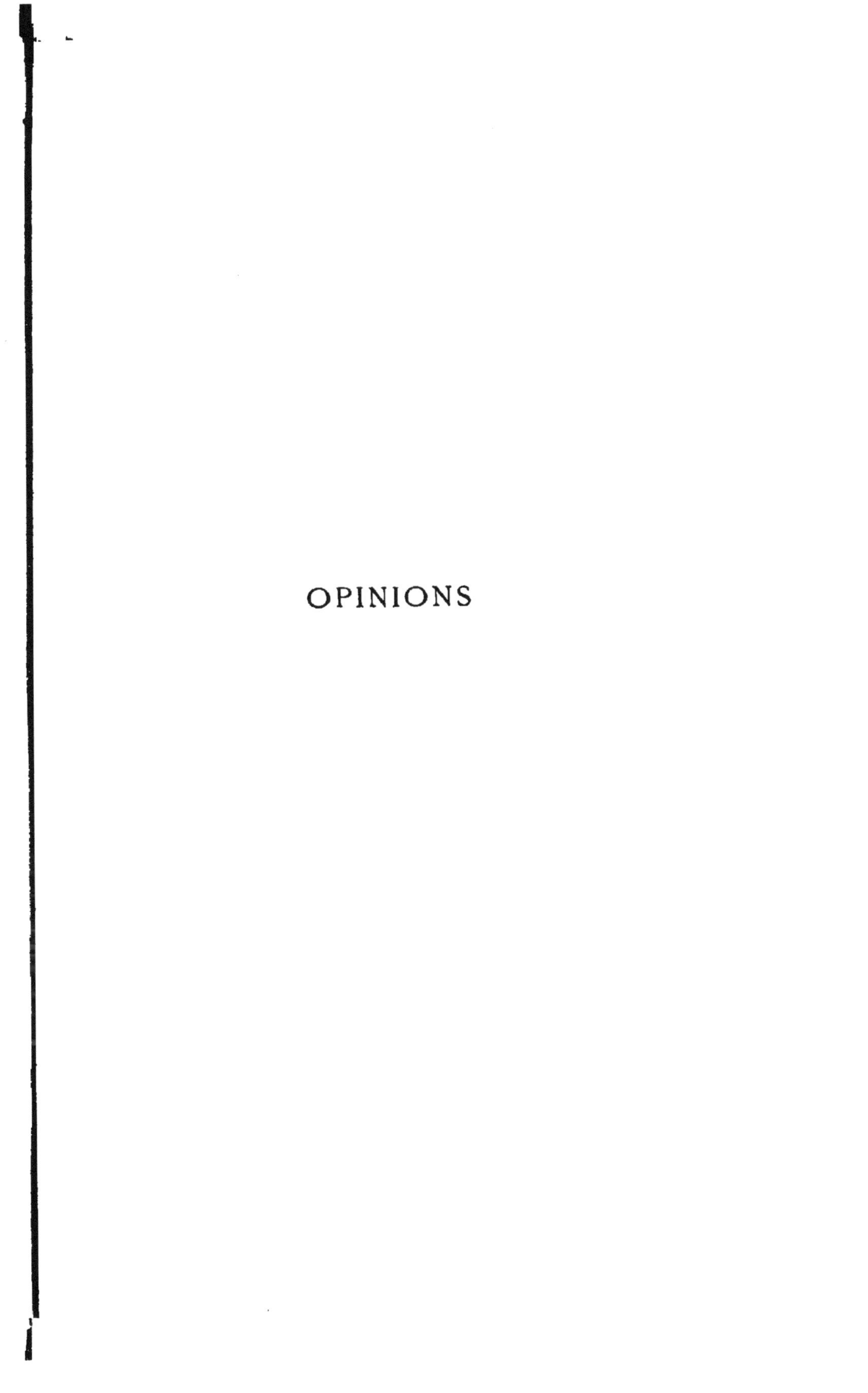

OPINIONS

DANS l'abondante moisson de gloire qui fut engrangée pour Rodin, et où un louable froment se mêle si souvent à l'ivraie, je vais choisir quelques gerbes, reliées entre elles par le même lyrisme un peu désordonné, qui fit s'élever, en riposte, tant de haines furieuses et tant de sottes injures. Mais, aussi bien, cette petite moisson-là, faite sur l'autre, sera précieuse : elle contiendra, à peu de chose près, tout le meilleur de ce qui fut récolté pour Rodin ; et il est utile de montrer ce meilleur-là par parties : on ne montre jamais assez les choses essentielles.

Le plus modéré et le plus exact des articles, un critique judicieux, M. Raymond Bouyer, l'écrivait en juillet 1900. Il disait, en substance :

« Rodin ! C'est un souvenir aussi de la Renaissance qui nous assaille, aussitôt que nous abordons son œuvre, un souvenir de la salle claire de notre Louvre où les *Deux captifs* de Michel-Ange jettent leur soupir ou leur cri, de chaque côté de la *Porte* monumentale : ces deux âmes en exil sont les aïeules de ce génie déconcertant et grand. Du bloc jaillit l'être qui se tord ou la pensée qui sommeille. Rodin réalise tardivement le romantisme de la statuaire : quelques natures l'avaient entrevu, Rude, Clésinger, Carpeaux, Barye ; aucun artiste n'avait été plus résolument farouche, aucun n'avait encore violenté plus audacieusement la forme pour en extraire de l'âme. C'est ainsi qu'il faut envisager l'art fruste et mouvant de Rodin.

« Entre Phidias et Rodin, entre l'antique pur et le moderne idéal, tout un abîme ; un abîme où s'engouffrent sans espoir les damnés de la *Porte de l'Enfer*, où s'avancent héroïquement les *Bourgeois de Calais*, où *Balzac* profile sa silhouette informe, hardiment vraie, moliéresque ou shakespearienne. Le romantisme, avec Stendhal, avait prévu cette crise de la plastique qui chercherait à « dépasser » l'antique ou tout au moins à créer, tout autrement que lui, de la vie par de la forme. A la statuaire païenne, qui aurait pu dire avec le poète :

> Je hais le mouvement qui déplace les lignes;
> Et jamais je ne pleure et jamais je ne ris.

la statuaire ultra-moderne peut répondre avec romantisme, avec le sombre accent de la matière dure :

> Ce qu'il faut à ce cœur profond comme un abîme,
> C'est vous, Lady Macbeth, âme puissante au crime,
> Rêve d'Eschyle éclos au climat des autans ;
>
> Ou bien toi, grande Nuit, fille de Michel-Ange...

« C'est la « sculpture pittoresque », devinée par Baudelaire, qui tourmente le bronze et le marbre, opiniâtrement, qui fouille les portraits et les bustes, qui s'essaie dans les dessins en couleurs ou dans les *pointes sèches*, gravant les traits de *Victor Hugo*. C'est l'affirmation du *moi* contemporain. En 1855, Gustave Courbet, avenue Montaigne, en 1867, Édouard Manet, avenue de l'Alma, s'isolaient pour manifester leur volonté ; en 1900, de même, Auguste Rodin.

. . . .

« Je relis ces lignes (termine M. Raymond Bouyer) — et j'en suis mal satisfait, ce qui est fort naturel, puisqu'elles émanent de moi-même... J'en lis d'autres, qui ne me satisfont guère davantage... Rodin me semble toujours méconnu — non seulement Rodin portraitiste, mais Rodin créateur — méconnu surtout par ses fervents : c'est que, en haine des « maçons » qui ne parlent que de modèles, d'ébauchoirs et de chiffons mouillés, les lettrés sont devenus intransigeants à leur tour ; en haine de la cuisine de l'art, ils en ont exagéré la métaphysique; ils n'ont pas assez spontanément compris *Rodin statuaire*, qui fait palpiter des *plans* éloquents. »

C'est net, n'est-ce pas ? C'est, en tout cas, tout le procès des opinions qui vont suivre, et que, je le répète, j'ai cependant choisi parmi les préférables.

Oui, vous allez lire des mots, des phrases, et toute l'œuvre de Rodin sera encore à comprendre. M. Mirbeau, lui-même, si dur pour les critiques d'art, n'expliquera pas, au fond, grand'chose ; et pourtant son grand talent n'aura jamais été plus précis.

Mais, avant de citer quelques parties des divers articles que M. Mirbeau a consacrés à l'œuvre de Rodin, je voudrais exclure, du noble groupe des statuaires romantiques nommés par M. Raymond Bouyer, l'indigne Clésinger.

Car, vraiment, ce dernier fut par trop un bricoleur éhonté, un extraordinaire « faiseur », ayant pratiqué sans pudeur le moulage sur nature ; et la seule chose, ma foi ! qui soit à retenir de lui, c'est cette amusante aventure :

Il avait obtenu la commande d'une statue équestre de François Ier, pour la cour du Louvre. Personnage très encombrant et très considérable, il réclame un jour l'armure de François Ier pour lui servir de modèle. On la lui accorde. Des mois se passent ; on vient chez Clésinger pour reprendre l'armure, qui a une valeur considérable. Il ne l'a plus : il l'a mise au clou !

La statue équestre, du reste, eut un sort funeste. Installée, elle souleva de tels rires qu'on se décida à la cacher dans une cave.

Venons à M. Octave Mirbeau. Mais qu'il soit bien entendu encore que je ne cite que des extraits d'articles ! — M. Mirbeau, donc, a écrit :

« M. Auguste Rodin, qui est un des organismes cérébraux les plus souples et les plus vibrants que je connaisse, curieux de tout ce qui vit et de tout ce qui pense, homme de méditation et d'observation profonde, est, avant tout, un sculpteur, et, disons-le hardiment, un sculpteur païen. J'entends qu'il n'a qu'un culte, parce qu'il n'a qu'un amour : l'amour et le culte de la nature. La nature est la source unique de ses inspirations, le modèle sans cesse consulté par où il cherche et atteint la perfection dans un art, difficile entre tous, auguste entre tous. Voir la nature, connaître la nature, pénétrer dans les profondeurs de la nature, comprendre l'harmonie immense et simple qui enserre, dans un même langage de formes, le corps humain et les nuages du ciel, l'arbre et la montagne, le caillou et la fleur, cela est donné à très peu d'esprits. C'est pour cela que M. Auguste Rodin est si grand, si multiple, si nouveau. C'est pour cela qu'il nous étonne parfois, et qu'il nous émeut d'une émotion si intense et si particulière. Il semble, en effet, que la nature — sans doute parce qu'il l'a mieux aimée et mieux comprise que tout autre — se soit complu à en faire le dépositaire de ses secrets jusqu'ici les mieux gardés. »

Non ! Rodin se contente d'être un admirable statuaire ; et il n'en demande pas davantage. Du reste, c'est le maître lui-même qui répète volontiers : « La nature, nous n'y comprenons rien ! Elle fait tout sans notre collaboration. Nous sommes égarés au milieu du profond mystère qui nous environne ! »

Ailleurs, M. Octave Mirbeau s'exprime ainsi :
« Tout ce qui est sorti du cerveau de Rodin et tout ce que sa main créa, idées et matière, pensées et formes, même le plus humble cherchement de sa plume sur des bouts de papier volant, même le plus rapide pétrissement d'une esquisse dans la glaise, vaut d'être pieusement conservé. Il importe que toutes les manifestations

de sa pensée, linéaires ou plastiques, soient rassemblées, car elles sont un exemple de ce que l'étude constante, l'observation, la vie surprise dans le plus fugitif ou le plus familier de ses rythmes peuvent développer en un cerveau comme celui d'Auguste Rodin. Non seulement il est la conscience artistique et la plus pure gloire de notre temps, mais son nom, désormais, brille comme une date lumineuse dans l'histoire de l'art. *De lui, part un style.* En lui, commence une époque. Il est la source où, depuis vingt années, chacun vient retremper son inspiration. Tout en demeurant fidèle au culte, dans le passé, de la Beauté immuable, il aura été le grand réformateur de la statuaire, qui lui doit un modelé, un mouvement, de la passion, c'est-à-dire une plus intime communion de l'art avec la nature ou, si l'on veut, une plus complète, une plus virile possession de la nature par l'amour humain. Il est, peut-être, le seul parmi les sculpteurs de tous les temps dont l'œuvre révèle une compréhension universelle de la vie.

« Et il est toujours près de la vie ; il est toujours dans la vie, dans le frisson de la vie, même quand il semble s'élever au-dessus d'elle, dans le rêve ! Nos inquiétudes, nos découragements, nos enthousiasmes, nos héroïsmes, nos passions, nos sensualités, il a tout traduit, tout exprimé, mieux qu'un poète, mieux que par des mots : par des formes. Il a été, tour à tour, le supplice et l'exaltation de la Volupté, la douleur de la Vie, la terreur de la Mort avec l'*Enfer*, la voix de l'Histoire avec les *Bourgeois de Calais*, le fracas de l'Elément avec *Victor Hugo*, l'Humanité multiple avec

Balzac. Et, avec l'*Enfer*, les *Bourgeois de Calais*, *Victor Hugo*, *Balzac*, il aura été toujours la Beauté. Esprit tumultueux comme un volcan, imagination grondante comme une tempête, cerveau sans cesse au feu et dévoré de flammes, comme une forge qu'on n'éteint jamais, il est sage pourtant et prudent. Et, jamais, il ne lui arriva de chercher une expression de vie en dehors des lois primordiales et éternelles de la Beauté.

« Il sait (continue avec entrain M. Octave Mirbeau) que tout ce qui s'éloigne de la Vie est fallacieux et vain, et que rien n'est mystérieux de ce qui va demander de la lumière aux ténèbres, du mouvement au néant. Son symbole est clair, parce qu'il est dans la nature comme la forme impérissable et une qui se répète des nuées du ciel à la montagne, de la montagne au corps de l'homme, du corps de l'homme à la plante, de la plante au caillou. Et c'est pour avoir compris ce principe unique du dessin, pour l'avoir toujours respecté dans son œuvre, que son œuvre nous émeut, nous étreint et nous subjugue plus que toutes les autres. Terrible et formidable, déchirant les chairs convulsées sous le fouet de la luxure et les morsures de la tentation, il est tendre aussi, et il est chaste, et nul n'aura fait rayonner du corps de la femme plus de grâce, plus de jeunesse et plus de caresse ! O cette chair blanche des statues, où le marbre transfiguré s'anime, palpite, frémit et se soulève en mouvements d'harmonieuse respiration ; où la chaleur de la vie, le mystère de sang, la fécondité du sexe gonflent les seins ; chair réelle et parfumée où toute la peau, alanguie et souple, tendue et pâmée, que la lumière caresse, que les ombres satinent, semble modelée par les doigts divins du créateur !...

« Et l'art de Rodin aura été d'autant plus haut, il nous aura donné d'autant plus de rêve que son métier aura été poussé à plus de perfection ! »

Cette fois, ce sont, n'est-ce pas, d'admirables et grandiloquentes pages ? et il est impossible de louer mieux Rodin — par-dessus Phidias, Michel-Ange et Puget ! Mais on sait que M. Mirbeau n'est pas l'homme qui loue à demi, quand l'envie lui en prend ; et cela enlève beaucoup d'influence à ses accès lyriques. Quelquefois même, il le renie, son lyrisme, à propos de tel ou tel artiste qui a cessé de lui plaire ; et alors il devient brutal, oublieux, maladroit. Mais Rodin garde sa haute estime, nous ne lirons donc jamais le contre-article qui eût été certainement, une fois de plus, un régal de mauvaise foi !

M. Gustave Geffroy est mesuré. Il a un bon sens assuré. Il ne manque pas non plus de lyrisme ; mais son lyrisme ne perd pas pieds et tête à tout instant. Il a écrit :

« Ah ! cette beauté de nature emmenée captive par les professeurs, qui la délivrera ?

« Rodin l'a délivrée. Dès qu'il vint, tout le monde comprit que quelque chose de grand, qui avait été oublié, recommençait. Il ne pouvait pas nous rendre la sérénité antique, avec sa force et sa grâce, mais il nous a rendu la vie. Il a ressuscité la morte, il a retrouvé les secrets que cache la matière, le mystère de la chair et de la pierre, le frémissement universel. Parmi les froides figures qui semblent des moulages appauvris et des démonstrations d'académies, il a subitement installé la volupté, la passion, la vérité. A lui seul, il est notre Paganisme et notre Renaissance. Il nous a fait entendre de nouveau les chants joyeux et tristes que tout exhale, il a suivi Pan aux halliers des grandes villes, il restera grand et admirable pour avoir découvert en chaque femme la Vénus éternelle. »

Voici maintenant de la critique d'art à travers un tempérament de pur poète : M. Stuart-Merrill :

« Où il faut saisir, dit-il, l'instructive genèse des conceptions de Rodin, c'est dans cette admirable série de marbres à peine dégrossis, chefs-d'œuvre de science et de lyrisme, où des croupes enflées et des mamelles dressées de femmes soulèvent, semble-t-il, le mystère dont elles se dégagent à peine, où des lèvres convulsées s'attirent en baisers créateurs, où des membres, comme foudroyés, s'enlacent confusément en le tressaillement dernier du spasme. Toute la vie qui brûle des atomes aux astres, tord, noue et contracte ces images de la douloureuse passion humaine.

« Car Rodin est un grand poète de la douleur, non pas de la douleur résignée qui se plie en attitudes molles, mais de celle dont le front défie le ciel. Il est ainsi vraiment de son siècle, nourrisson de la science et enfant de la révolte. Il n'est ni assez ignorant pour être optimiste, ni assez faible pour être pessimiste. Il est, dans la plénitude de sa foi et la certitude de sa force, un mélioriste. Il a chanté à la gloire de l'homme infime et sublime le plus beau chant philosophique qui ait retenti depuis Pascal.

« C'est aussi le poète de la passion, de celle qui crie et saigne et s'arrache la chair dans l'écroulement des mondes, et crache son désir par ses blessures, et lance l'insulte de ses poings et de ses cris jusqu'à la pure indifférence des étoiles. Parfois, plus redoutable, elle se concentre en le silence, et ne s'exprime que par la crispation intolérable des muscles. Des fronts écrasés contre des genoux, des bras enserrant des jambes, des dos bombés comme sous la chute imminente de la foudre, font alors penser aux frustes pages de William Blake.

« Disons même plus largement que Rodin est le poète de toute l'âme, depuis ses désirs qui soulèvent les paupières et font trembler les doigts, jusqu'à sa folie qui retourne les yeux et convulse les pieds. Sa pitié est infinie comme son amour. Il se penche sur le corps humain comme sur une lyre que fait vibrer le souffle des dieux. Et de son geste tranquille et sûr a germé ce peuple blanc, silencieux et immobile, qui perpétue dans le calme ou le tumulte de ses poses tout ce qui n'ose s'exprimer dans nos corps, de peur de les briser définitivement ou de les alanguir à jamais. Et vraiment l'Art, n'est-ce pas l'accomplissement dans la Vie éternelle de ce que nous n'osons essayer dans notre vie fugitive, c'est-à-dire la réalisation des espoirs apparemment impossibles de l'humanité ?

« Rodin, plus que tout autre artiste de ce temps, a ce sentiment religieux des destinées de l'Art. Il a cependant peu cherché l'expression de la beauté définitive ; il s'efforce plutôt à la suggestion d'une beauté inachevée. Il a été ainsi amené souvent à sacrifier l'ensemble au détail, et l'on a même osé prétendre, devant certains essais, qu'il était plus virtuose que poète. Laissons aux ignorants un pareil jugement. Devant la gloire rayonnante de son poème total, dont les strophes de marbre chanteront bientôt à la foule, la critique hostile se rendra d'elle-même à la toute-puissance de sa magie. Ne reprochons pas à Rodin de n'avoir pas réalisé l'idéal olympique d'un Phidias. Il est d'une époque, je viens de le dire, douloureuse et passionnée, et qui tend vers la beauté plutôt qu'elle ne la réalise. Il aura eu le mérite de rattacher aux traditions des plus grandes écoles du passé son œuvre contemporain et encore gros d'avenir. Il est de ceux dont la main sans défaillance aura reçu des aïeux et transmettra aux descendants la torche sacrée. C'est un génie. »

Sans doute, il n'est pas question, on le voit, de la technique de l'art de Rodin ; et la conclusion de l'article de M. Raymond Bouyer reste entière ; mais comment s'empêcher d' « enfiler des phrases » à propos de critique d'art? Mon ami regretté, Louis Mullem, qui a écrit les délicieux *Contes d'Amérique*, prétendait même que c'était là l'unique fonction du critique d'art — cette fonction que M. Mirbeau, critique d'art lui-même, devait appeler férocement, un jour, une « fonction de sinistre imbécile »!

Encore un article de poète. Il faut le donner tout entier ; car celui-ci apporte, c'est incontestable, des remarques positives et utiles :

« Si l'on recherche (dit M. Yvanhoë Rambosson) à

quoi tient l'incontestable supériorité de la sculpture grecque, des sculptures égyptiennes, assyriennes et de la floraison gothique, on s'apercevra que c'est à une connaissance merveilleuse du modelé et du mouvement. La gloire d'Auguste Rodin est d'avoir, au prix d'un labeur consciencieux et tenace, retrouvé cette science à peu près perdue et d'avoir ainsi magnifiquement renouvelé la statuaire.

« Jean Dolent écrivait à Rodin : « Ribot a chez lui un « buste de vous. Il m'a dit : C'est beau comme une antique ». A côté de ce précieux témoignage d'un Ribot, que tiennent les vociférations des tombeurs de chefs-d'œuvre ! Ribot était un maître déposant son hommage, mais d'autres, plus jeunes, sentaient s'éveiller, devant les œuvres de Rodin, leur enthousiasme créateur. Rodin apportait au monde de l'art la vérité retrouvée. Son influence allait être décisive et Etcheto pouvait lui dire dans une de ses lettres : « Dans votre atelier, *j'ai vu* « *clair* ».

« Quel chemin Rodin avait-il suivi pour arriver à sa conquête ? Le plus droit et le plus difficile. Il s'était contenté de marcher en homme tout simple au milieu des choses, s'efforçant de se pénétrer de la nature le plus sincèrement et avec le plus d'intensité possible, persuadé que c'est de l'observation seule que naissent les conceptions inattendues et que le plus grand éducateur d'un véritable artiste, c'est lui-même. Dans le divin pressoir du monde, un vin toujours nouveau bouillonne pour qui tend innocemment ses lèvres.

« Rodin n'a pas cherché à être poète. Il a atteint la

plus haute poésie parce qu'il a voulu et su regarder, comprendre et copier honnêtement la nature.

« Ce dont tous les jeunes doivent se méfier, c'est de se laisser tenter par la sculpture littéraire. Il ne faut pas essayer d'exprimer une idée par des formes. Faites quelque chose, l'idée viendra ensuite. Rodin, travaillant devant la nature, en exécute tel ou tel aspect et c'est seulement alors qu'il baptise la figure nouvellement créée. Les critiques d'art viendront dire que le sculpteur à voulu exprimer ceci ou cela. C'est faux. Ce qu'ils ont trouvé dans l'œuvre y est puisqu'ils l'ont vu, mais d'autres y verront autre chose et l'on peut presque dire que la grandeur d'une manifestation sculpturale est en proportion de la force et de la quantité des idées qu'elle évoque sans qu'aucune idée particulière et préconçue ait présidé à son propre enfantement. Ce ne sont donc pas les idées génératrices des formes ; ce sont les formes qui sont génératrices des idées.

« Une seule chose compte en sculpture, exprimer la vie et on ne l'exprime que par le modelé. Une belle statue vit comme un être vivant. Elle est différente selon l'angle où on la voit, selon le jour et selon l'heure. Les expressions changent et glissent sur son visage et sur ses membres selon le jeu des lumières et des ombres. Et c'est la seule observation des volumes qui donne à ce jeu un aspect naturel et régulier. Les valeurs de volume précises donnent des ombres blondes. Les duretés ne naissent que de faux rapports. Tout consiste donc en un modelé puissant devant la nature et à situer exactement les masses.

« C'est à quoi Rodin donne toute son application. Puis il reste des mois à étudier le mouvement d'un visage — car un visage a un mouvement — et lorsqu'il s'est suffisamment documenté, il exagère un peu ce mouvement et amplifie légèrement les formes pour en augmenter le caractère. (C'est ce qu'il a de commun avec Michel-Ange, dans une beaucoup plus grande diversité de vision.) Ce faisant il interprète et si dans cette interprétation il est entré, à la longue, une part de conscience et de raisonnement, il y entre beaucoup plus encore d'inconscience.

« Rodin part de la nature et d'instinct il la transpose. Lors même qu'il croit rendre le plus rigoureusement et avec le plus profond respect la nature, il se trompe, et c'est tant mieux, car s'il amplifiait de parti pris, il serait davantage sujet à l'erreur. Tandis qu'il fait vrai puisqu'il reproduit ce qu'il voit. Ce qui constitue un grand artiste, c'est justement ce que sa personnalité ajoute à la vision commune *sans qu'il s'en rende compte*. « Tout artiste, qu'il le veuille ou non, a dit Jean Dolent, interprète « et c'est bien ; ce qui est mal, c'est de préméditer l'interprétation. » Et c'est peut-être le secret de la force de Rodin qu'il s'efforce toujours vers l'expression de la nature contre son propre tempérament, ce qui établit l'équilibre désirable entre la nature telle qu'elle est et la nature telle qu'il la voit.

« Comme tous les grands (ajoute M. Yvanhoë Rambosson), comme Puvis entre autres, qui fut beaucoup plus influencé par le naturalisme qu'on ne le croit et qui s'est toujours très sincèrement défendu d'avoir voulu mettre du mystère dans ses fresques, Rodin a toujours amoureusement considéré les aspects de la vie et des choses, travaillant âprement à en réaliser la beauté. Certains morceaux de ses œuvres — regardez le nez du buste de Falguière — sont poussés aussi loin qu'il est possible de pousser. C'est cette patiente recherche de la vie dans le détail qui compte. A côté de cela, l'imagination pourrait se donner carrière sans rien gâter. Qu'importe que l'on fasse une tête avec des ailes, par exemple, pourvu que ces ailes soient bien attachées, selon les lois naturelles. Voilà ce que n'ont pas compris des artistes méritants et chercheurs, mais manquant parfois de savoir, parmi lesquels il y en a d'aussi nobles et d'aussi intéressants que M. Odilon Redon.

« Devant le modelage en plâtre du buste de Rochefort, le sculpteur belge Vincotte s'étonnait que l'on n'y puisse discerner la trace du doigt et, comme quelqu'un expliquait que Rodin lavait sa terre, il s'écria : « Pour oser cela, « il faut que ce soit rudement construit ! » En effet, cette sûreté dans la construction donne au modelé de Rodin toute sa vigueur et fait que ses sculptures, comme celles des antiques, crachent la lumière. Elles accrochent l'atmosphère ou plutôt elles ont une atmosphère personnelle qui les suit et forme en quelque sorte le vêtement mystérieux de la vie dont les a dotées le sculpteur.

« Ce dernier sait si bien ce qui est nécessaire à une œuvre pour qu'elle garde cette ambiance animée, que nul mieux que lui n'approprie la sculpture à la matière. Il connaît qu'un plâtre doit être traité largement, mais un marbre plus largement encore et que, plus on en laisse de cette matière immortelle, plus la beauté rayonne.

« J'ai souvenir du *Victor-Hugo* en marbre ébauché dans l'atelier du maître. Il était ainsi, à peine entamé par la pratique, si terriblement évocateur et jupitérien que j'exprimai le vœu de le voir rester en cet état. C'eût été aussi le désir de Rodin si tant de circonstances n'entravaient la volonté des artistes. Aujourd'hui on enlève trop de matière parce que l'habitude est de travailler la glaise. Autrefois on taillait à même le marbre et le sculpteur était arrêté par la majesté du bloc. C'est pourquoi il faut savoir gré à Rodin d'avoir remis en honneur le travail direct, fécond en trouvailles de beauté.

« J'ai montré jusqu'ici dans l'œuvre du maître la compréhension spéciale du modelé et la justesse des volumes, la science de la lumière.

« C'est par la sincérité des mouvements que se complètent ces qualités.

« Il n'y a peut-être rien de plus difficile pour un artiste que d'habituer son œil à saisir les mouvements réels dans leur complexité. Un mouvement quelconque, lever un bras, se compose d'une infinité de temps. Une atavique habitude nous incline à n'enregistrer de ce mouvement que le temps du départ et celui de l'arrivée. Il existe, cependant, entre les deux, une multitude de temps perceptibles. Qu'un homme de génie comme Rodin saisisse le modèle dans l'atitude d'un de ces temps, on criera à l'invraisemblance, on dira que le geste est faux. Nullement. Ce sont les protestataires qui auront tort parce qu'ils s'en tiennent à une espèce de répertoire résumé des gestes humains, inscrit héréditairement dans leur conscience, au lieu de regarder, avec des yeux dessillés, la nature.

« Un geste vrai qui n'ait pas encore été révélé, qui ait la saveur d'une naissance, combien pourrait-on en noter dans l'histoire de l'art ? Peut-être dix ? Peut-être vingt ? Il y a des génies comme Rubens qui ont empli des musées et qui n'ont peut-être pas trouvé cela ! L'œuvre où il y en a un est assuré de ne point périr. Je songe à l'*Hiver* de Puvis de Chavannes, au vieillard qui donne le signal d'abattre l'arbre, et je songe parmi les créations de Rodin à telle attitude des *Bourgeois de Calais* et à ce formidable *Balzac* qui n'est tout entier qu'un geste.

« C'est surtout dans ses dessins qu'apparaît avec évidence l'apport inouï de Rodin dans le domaine de l'observation des mouvements. Ces dessins, sortes d'instantanés, jetés sur le papier en quelques secondes, sont de la nature arrêtée au vol. Le modèle se promène dans l'atelier ; il fait ce qu'il veut. Rodin le surprend dans ses poses les plus imprévues. Il ne choisit pas ; tout ce que donne le corps humain ainsi compris est beau et c'est seulement au choix des lignes générales et synthétiques que se borne l'intervention originale de l'artiste.

« Véritables notations de vie surprise à la manière des Japonais que le public prend pour des fantaisistes et qui sont d'étonnants réalistes comme tous les peuples primitifs, Rodin a entassé ainsi depuis des années des séries de déclinaisons animées, les premières à l'encre, rapides, à traits répétés, d'autres plus simples et plus promptes, et enfin les merveilleux dessins en couleurs, déclinaisons plus complètes, mais non plus précieuses.

« Rodin a compris à ce point la mathématique du geste qu'il s'est rendu compte que toute sculpture devait s'enclore dans une figure géométrique.

« Pourquoi brise-t-il certaines de ses œuvres et n'en montre-t-il que des fragments ? Qu'est-ce que cela ajoute à leur signification ? disent certains. Ceux-là n'ont certainement pas médité le mot de Puvis de Chavannes : « Il y « a quelque chose de plus beau encore qu'une belle chose, « ce sont les ruines d'une belle chose ! » Une belle chose, complète et neuve, nous émeut au point de vue esthétique, mais une belle chose usée, cassée, comme elle est plus humaine et plus près de notre cœur, pour avoir participé à la souffrance, et comme à l'impression de beauté pure s'ajoute une indéfinissable sensation de pitié mélancolique, un côté douloureux et d'humanité qui amplifie notre émotion !

« Je ne sais si ce sont ces réflexions qui guidèrent Rodin, mais il se pourrait également qu'il ait certaines fois morcelé une de ses œuvres pour qu'elle nous donne davantage l'impression du bloc. Par cela il montrerait encore avec quelle rare puissance il a saisi le côté architectural de la sculpture.

« Quelqu'un a-t-il mieux compris que lui ce qu'il fallait à la place publique ? Je ne citerai pas son *Balzac*, semblable à un menhir, mais je dirai les deux manières dont il avait conçu la présentation des *Bourgeois de Calais*. Il désirait, soit mêler le drame à la foule sur un socle à peu près nul, soit dresser, du côté de la mer, son groupe carré, sur une colonne carrée, sans reliefs extérieurs, haute de deux étages, et qu'on aurait pu nommer la

Colonne triomphale du Courage. Je n'ai pas besoin d'ajouter qu'aucune de ces deux idées n'a été mise à exécution.

« Je m'arrête (dit M. Yvanhoë Rambosson). J'ai essayé de montrer combien la science de Rodin était splendide et sûre. Je clorai ces notes sur une pensée de Joubert : « Il est certain que le beau a toujours quelque beauté « visible et quelque beauté cachée. Il est certain encore « qu'il n'a jamais autant de charme pour nous que lorsque « nous le lisons attentivement dans une langue que nous « n'entendons qu'à demi. »

« Evidemment la foule n'entendra jamais Rodin mieux qu'à demi, mais si elle n'est pas encore avec lui aujourd'hui, c'est qu'on ne lui a pas encore donné les premiers éléments de compréhension de son vaste effort. »

Au tour maintenant de M. Anatole France. Dans un article intitulé *La Porte de l'Enfer*, et qui — comme à l'ordinaire — envisage, d'un ton léger, bien des choses, je choisis ce paragraphe :

« Rodin... Je ne crois pas qu'il y ait d'œuvre plus forte, plus touchante que la sienne.

« Figures, bustes, groupes, tous les êtres créés par lui vivent et palpitent. De ses mains un monde est sorti, agité d'un éternel frémissement. Ce maître a, jusqu'à l'excès, le sens du mouvement, et jamais l'art, avant lui, n'avait à ce point agité, fomenté l'inerte matière. Son intelligence extraordinaire du mouvement va des torsions violentes de tout le corps à ces imperceptibles frissons du visage qui révèlent l'état intérieur et la pensée.

C'est pourquoi ses portraits, tous rudes ou suaves, nous révèlent des vérités secrètes, profondes, précieuses, qui nous étaient cachées, tandis que ses groupes expriment tant de violence et de volupté ! Son art n'admet point le repos. Toutes ses grandes figures, l'*Homme des premiers âges*, le *Saint Jean-Baptiste*, les *Bourgeois de Calais*, le *Balzac*, sont en marche. Seul, son admirable *Claude Lorrain*, venu au-devant du soleil, s'arrête à la rencontre de l'astre levé ; arrêt si soudain et si énergique que tout le corps du peintre en est échauffé. Le sculpteur du mouvement pouvait seul exprimer cette ardente immobilité. »

Nous sommes dans les redites. C'est que M. Anatole France considère toujours d'un œil distrait les œuvres des autres. Il voit tout, cependant, il s'assimile tout, mais sans y attacher beaucoup d'importance ; et s'il lui faut parler de quelque chose, il s'en tire avec des phrases aimables. Il a, on le sait, l'horreur des découvertes saugrenues ou même seulement imprévues. M. Anatole France, est, en somme, dans le domaine de la critique d'art, un critique mondain, c'est-à-dire de tout repos.

Oui, nous sommes dans les redites, encore, avec lui. Mais il n'en pourra être autrement tant que les littérateurs, aux lieu et place des sculpteurs, auront à juger de la sculpture. Toutefois, des remarques, dans ces divers articles, concordent ; et elles devinrent vite des thèmes tout faits pour la phraséologie étrangère ; car, croyez-le bien, les critiques d'art des autres pays ne sont pas moins bavards que les nôtres ; et ils l'ont bien prouvé, en accumulant, sur l'œuvre de Rodin, le plus extraordinaire amas de rengaines philosophiques, ésotériques et psychologiques !

Toutefois, je fais exception pour l'écrivain d'art estimé qu'est M. V. Pica. Il se trompe, pourtant, en affirmant ceci :

« Ceux qui se scandalisent parce que souvent Rodin laisse quelques parties de ses statues simplement ébauchées, ont-ils pensé qu'il ne fait que suivre l'exemple de Michel-Ange ? Voilà en effet ce qu'écrit M. Corrado Ricci dans sa monographie aiguë et profonde sur l'artiste génial italien : « Nous ne voulons pas quitter cette statue « sans répéter pour une dernière fois que nous sommes « convaincu que Michel-Ange a laissé imparfaite quelque « partie de sa statue, le voulant par critérium artistique. »

Oui, M. Pica se trompe ; car si Rodin a suivi l'exemple d'un maître, ce n'est pas, à coup sûr, celui de Michel-Ange. Il a sans cesse proclamé son enthousiasme pour les Antiques et pour les gothiques; et il s'en est presque — son admiration pour Puget exceptée — tenu à eux. Je gagerais même que son ironie très fine pourrait lui faire dire qu'il n'a jamais considéré, avec un absolu recueillement, l'œuvre du merveilleux Florentin.

Les Allemands, les Anglais, les Américains, etc., etc., ont consacré à Rodin, je le répète, beaucoup de longs articles. Ils ont été toujours très nuageux, et ils ont, avec enthousiasme, accueilli cette sottise que Rodin était mage, sorcier et apôtre. Mais il faut leur pardonner ; car Rodin, à New-York (où il a, sous son nom, des salles entières au Musée Métropolitain), à Prague, à Weimar, à Londres, à Stockholm et à Rome, Rodin est infiniment vénéré.

Enfin, voici, pour le couronnement, un commentaire de l'œuvre de Rodin par Jean Dolent.

Au moins, si Dolent n'est pas plus précis que certains critiques d'art, il est plus divertissant.

On sait, du reste, quel forcené « amoureux d'art », comme il s'appelait lui-même, était ce petit vieillard fluet, qui avait rebâti Athènes sur les hauteurs de Belleville !

Quelle jolie retraite, il s'était faite, dans son pavillon tout encombré de tableaux et d'objets d'art ! Ah ! les Delacroix, les Carrière, les Rodin, tout ce qu'il possédait ! Trop de Carrière, néanmoins ! tous les Carrière ! mais il ne vous en imposait pas l'admiration !

Voici son hommage à Rodin :

« C'est encore l'*interview*... Sans écouter les sculpteurs, j'ai interrogé les statues. Les statues, ces statues, m'imposent le silence et l'immobilité : le gothique français, la Renaissance, les marbres grecs, les Egyptiens ; et je suis allé d'eux à lui. Moi qui tente — ah, vainement ! — d'exprimer par la gesticulation discrète, humainement, je résistais à ce que je ne pouvais égaler, à celui que je ne puis entendre pleinement ni rejoindre. Tout à la douceur d'une valse lente, je me défendais.

« Rodin est un Clodion tragique ; c'est un prince lui aussi, le prince des ténèbres. Ce vainqueur est une victime, ce triomphateur est un martyr. Il est possédé, non dominé.

« Ah ! son rire ! Ah ! les « navets », les petits navets des statuaires renommés, des statuaires célèbres, des statuaires illustres, des statuaires mondains ! Qu'a fait aujourd'hui celui-ci pour la gloire ? Il s'est fait la barbe... Les navets aux déguisements ingénieux ; les navets qui jouent la force, les navets qui singent la grâce ! Les navets ratissés, et les plaisants navets rugueux. Ah ! le goût moyen, l'affreux goût moyen, l'arabesque sans enlacement, les anses du vase qui ne menacent pas le col !.. Ça du bronze, ça du marbre !.. Et ces statuaires le mordillent de presque toutes leurs dents presque blanches ! Ils essayent de rendre le grouillement, le piaillement de la vie. Ça la vie, ça la mort ! Il rit, son nez, son formidable nez branle et son masque exprime l'horreur, dégage de la terreur. De sa sensualité, notre paillardise d'homme apaisé ne s'accommode pas sans trouble. Nous sommes lascifs seulement. Ah, les mots qu'il dit ! la bouche qui les dit ! Rodin ! l'œuvre de Rodin, c'est l'esprit en rut. Rodin cherche le bénéfice de sa sensualité dont il souffre. Un groupe de Rodin est pris à la seconde phase du viol, à l'instant de la violence acceptée, subie : Une femme de Rodin est prise à l'immédiat moment qui précède ou suit le forfait. Ah ! femelle !

« Devant le *Balzac :*

« — Et si c'était d'un autre ?

« — Ce ne peut être d'un autre ! »

Sans doute, on a consacré à Rodin bien d'autres articles ; mais, comme l'a dit M. Raymond Bouyer : « on n'a pas assez spontanément compris *Rodin sta-*

tuaire ». Et, ma foi, il semble bien que, seul, un autre grand sculpteur, un Desbois ou un Baffier, pourrait écrire l'article *valable ;* celui qu'un excellent critique a intitulé, un jour, bravement : *La technique de Rodin*, pour, en fin de compte, s'en tenir, lui aussi, à un article philosophique.

Toutefois, il convenait de donner des extraits des principaux articles consacrés à Rodin, pour montrer en quelle apothéose la Littérature situe cet exceptionnel statuaire.

DANS LA MAJESTÉ
DU DOME DES INVALIDES

LES banquiers heureux, les détrousseurs d'affaires, les aventuriers de tout acabit et de toute nuance, ont toujours témoigné d'un goût invétéré pour la campagne.

Ils recherchent les plaisirs idylliques. Ils ont un besoin de se détendre, après avoir tendu toutes les cordes de leur ruse et de leur âpreté. Ils ont, assurément, dans la Ville, de somptueux salons et d'opulentes cavernes ; mais, les meilleures de leurs joies, ils les ouatent en d'admirables hôtels des champs, où ils jettent comme des défis à la Nature, en y accumulant les plus extravagantes et les plus coûteuses des fantaisies.

En ce sens, ce que nous lisons dans les Mémoires de ces derniers siècles est curieux.

Au siècle dix-huitième, par exemple, les châteaux montés ainsi que des pièces truquées se multiplient. Ce ne sont que bosquets, petits temples circulaires, jets d'eau, grottes, rocailles, ponts minuscules, pavillons à la chinoise, pelouses hérissées d'arbres mangés par le lierre.

Et le logis est à l'avenant : il regorge de richesses de toutes sortes : meubles, statues, peintures et tapisseries.

Il semble à tous ces roués de l'agio que rien ne viendra les troubler, quand ils s'épanouissent aux champs. Il n'y a que les Parisiens pour être turbulents ; et, souvent, sans qu'on s'y attende, les pires des révolutionnaires ! Prudemment donc, en fuyant Paris — dès qu'on le peut ! — on écarte le péril !

C'est ainsi que, vers l'année 1731, un sieur Abraham Peyrenc de Moras s'était installé dans le nouvel hôtel, qu'il avait fait bâtir par Jacques Gabriel, tout au bout de la rue de Varenne, près de l'hôtel des Invalides.

Ce Peyrenc de Moras n'était autre chose qu'un ex-frise-toupet, arrivé jeune de son Languedoc, et qui, à peine débarqué à Paris et engagé comme valet de chambre, avait engrossé la fille de son patron, un ex-soldat, parvenu filou heureux et donc bientôt millionnaire.

L'aventure avait eu la suite classique : Peyrenc de Moras avait épousé la fille, reçu une imposante somme, joué sur les actions de Law, et, à son tour, il avait vite arrondi un des ventres les plus dorés de l'époque.

Alors son hôtel de la place Louis-le-Grand lui était devenu aussitôt à crainte ; et il était accouru, lui aussi, aux champs, près du dôme élevé par Mansart.

Un quartier presque désert. C'était tout à fait la campagne, avec sa sécurité absolue. Jamais des hordes d'affamés ne viendraient aboyer jusqu'auprès de l'hôtel des Invalides. Quelle tranquillité donc et quelles heureuses digestions !

A dire vrai, ce Moras n'avait pas si mal calculé ! Car, s'il ne vécut pas longtemps dans son nouvel hôtel — à peine au bout de deux années, il y décédait — le maréchal duc de Biron, qui, après la duchesse du Maine, était venu s'y installer, put y vivre, lui, très paisiblement et fort longtemps, en se reposant de ses batailles, et en y cultivant des tulipes, qu'en radotant, il qualifiait de merveilleuses !

Il convient de lire dans un très curieux rapport, présenté à la séance du 16 novembre 1907 du Conseil municipal de Paris, toute l'histoire détaillée de cet hôtel.

M. F. d'Andigné, membre de la Commission du Vieux-Paris, a signé là une fort intéressante brochure, illustrée de précieuses gravures, qui donne la description proprement dite de l'hôtel, la liste des propriétaires successifs, l'histoire de la Congrégation du Sacré-Cœur et des anecdotes pittoresques sur la famille de Moras, avec une foule de notes plus amusantes les unes que les autres, qui forment de véritables pièces justificatives.

C'est ainsi, en abrégé, que l'on trouve, après la famille de Moras, la duchesse du Maine et le maréchal duc de Biron, l'hôtel loué, en 1797, à « des entrepreneurs de fêtes publiques qui y installent des jeux, un bal et des illuminations, des concerts et des feux d'artifice avec *promenades délicieuses* dans les jardins ».

En 1800, le 27 octobre, le duc de Béthune-Charost y meurt âgé de soixante-douze ans.

Sous le premier Empire, de 1806 à 1808 inclusivement, l'hôtel est habité par le cardinal Caprara, légat *a latere* du pape, qui avait quitté l'hôtel Montmorin de la rue Plumet.

Puis, l'hôtel est loué, le 1er janvier 1811, au prince Kourakin, ambassadeur de Russie en France, moyennant 25.000 francs de loyer par an.

Enfin, le 5 septembre 1820, il est vendu à la communauté du Sacré-Cœur.

C'est alors que l'hôtel si calme connaît quelque tapage ; des bandes révolutionnaires l'assiègent, en 1831 et en 1848 ; puis la congrégation du Sacré-Cœur est dissoute par arrêté ministériel du 10 juillet 1904 ; et le 1er octobre de la même année, l'établissement est fermé.

Tout retombe alors au silence ; — et, depuis ce moment, le noble faubourg somnole dans la majesté du dôme doré.

L'admirable quartier, d'ailleurs, qui tire toute sa paix recueillie de la calme ordonnance de ce grave hôtel des Invalides !

La majestueuse façade, qui se couvre du bonnet de gloire du dôme, elle est sereine, vraiment, par tous les temps; et comme elle est glorieuse avec son emphatique portail, qui est pareil à une haute arcade de triomphe !

Et ces canons de parade, ornés d'armoiries ; ancêtres muets désormais sur lesquels grimpent ainsi qu'aux genoux de joyeux gamins ; et ces arbres en cône, si serrés l'un contre l'autre, campement d'une armée silencieuse ; et ces jardinets, où des chats familiers s'étirent ou rôdent, en secouant leurs pattes !

Oui, un quartier paisible qui ne reçoit plus que les visites au *Tombeau de l'Empereur* ! oh ! je l'avoue, une « attraction » sans pareille pour les encombrantes hordes des chars à bancs cosmopolites !

Dans ce mélancolique quartier, dans ce vieil hôtel de Biron, Rodin, à son tour, est venu, pour y achever son rêve de gloire.

Il y a déjà plusieurs années qu'il a installé là de nouveaux ateliers ; et qu'il y trouve le calme propice à sa méditation. Et cet hôtel, qu'il a arraché aux démolisseurs, qu'il a sauvé en le faisant classer comme monument historique, n'est-il pas juste qu'il lui soit réservé, puisqu'il est en train d'y organiser un illustre musée, de par le classement d'incomparables œuvres : ses propres œuvres d'abord, et toutes celles qu'avec une patience obstinée, il va choisir chez les antiquaires ?

Un musée digne de sa renommée !

En vérité, il est légitime que cette grande chose s'accomplisse, dans l'ombre chargée de souvenirs du dôme des Invalides.

Je me flatte de l'avoir demandée, le premier, dans une gazette de Paris, cette chose inéluctable dès l'instant que Rodin adoptait et aimait le vieil hôtel, dont les charmantes façades correspondent si bien à la tournure éternellement jeune de son esprit.

Mais que de démarches et que de visites dans d'autres journaux, avant que de pouvoir *caser*, comme on dit, mon article.

Je me souviens, par exemple, de mes longues conversations avec la Direction de l'*Echo de Paris,* qui m'obligeait chaque fois à lui expliquer toutes les merveilles dont nous a gratifiés Rodin. Ah ! si j'avais apporté la chaude interview d'une fille de théâtre, nul doute que l'accueil eût été tout autre ! mais les *Bourgeois de Calais*, l'*Age d'airain*, le *buste de Dalou*, etc., etc., la Direction de l'*Echo de Paris* ignorait et ignore encore *tout cela!* et cela, alors que le dernier étranger, qu'il soit de Prague ou de Pittsburg, de Munich ou d'Edimbourg, de Venise ou même de la Terre de Feu, connaît, par le détail, l'ensemble produit par un vrai génie, au cours de quarante années de sa vie !

Et j'avais bien envie de m'en aller, tandis que je parlais du génie de Rodin, à la Direction de l'*Echo de Paris*. C'était par de belles après-midi du mois de mai 1911 ; et je regardais avidement les passants sur la lumineuse place de l'Opéra. Je me disais qu'ils étaient tous bien heureux de n'avoir pas, comme moi, à faire entrer ce nom de Rodin dans des oreilles rébarbatives ! Et comme il était beau, toujours, toutes ces après-midi-là, le soleil ! et comme il devait faire bon, là-bas, chez les barbares, qui connaissent bien Rodin et qui ignorent ce que c'est que l'*Echo de Paris !*

Cet hôtel de Biron ! Oui, il convient bien à Rodin.

Car, ce n'est un mystère pour personne que le maître chérit étrangement, passionnément, le siècle dix-huitième ; et il faut l'entendre en parler, pour en comprendre vraiment toute la grâce exquise et toute la fraîcheur si maladroitement exploitées par les « cambousiers » de notre temps !

Il faut l'entendre vanter Watteau, pour aimer sur sa vraie valeur le peintre de tant de chefs-d'œuvre ; et, tandis que je regardais certains de ses propres dessins, il était aisé de voir que Rodin avait recherché, comme le maître d'hier, les prestigieux bienfaits d'une manière de dessiner tout en profondeur.

Mais revenons à l'hôtel de Biron, et déclarons qu'il est temps de comprendre, enfin, le sens de ce quartier.

Aujourd'hui, en effet, que l'hôtel est débarrassé de ses entraves si laides, qui dataient du règne de Louis-Philippe ; — ces dames du Sacré-Cœur ne pouvaient, hélas ! donner du talent à leur architecte ! — aujourd'hui que l'hôtel offre, seul, de bout en bout, d'une aile à l'autre, ses façades si harmonieuses, — je demande aux plus farouches utilitaires, à quel autre usage, en dehors d'un musée, on eût pu destiner la merveille de Gabriel ? je le demande, bien que la chose soit, présentement, tout à fait entendue ?

Ah ! n'ayez pas de regrets !... Une partie de Ministère ? une Direction de quelque chose ?... Allons donc ! la situation eût été comique, dans l'ombre du dôme !

L'on ne sait donc pas ce que l'on a déjà gâté Paris, avec ces manies de tout utiliser pour l'Administration ! Tant de bureaux inutiles ! tant de locatis parqués, divisés, où s'alanguissent de si ridicules besognes !

Oh ! je n'ignore pas qu'il y a une vigilante Société dite du « Nouveau-Paris » ; et que cette Société ne rêve que l'effondrement de Paris, pour le reconstruire ! et je suppose que les architectes sont en nombre dans cette troupe malfaisante ! Ah ! les braves gens ! ah ! les solides et vaillants démolisseurs, qui parlent, sans rire, d'*exproprier* la Tour Saint-Jacques ou la Sainte-Chapelle !

Mais démolir, pour construire quoi ? Des maçonneries semblables à l'Opéra, à la Sorbonne, aux grands magasins et à ce « bijou de style Renaissance » qu'est l'Hôtel de Ville ?

Ah ! c'est une gageure véritablement drolatique ! Et il faut bien compter, ma foi ! sur la lâcheté des vrais et faux artistes, pour la faire réussir ! Du reste, elle réussit presque toujours.

De temps en temps, alors, elle revient dans les parlottes d'architectes, cette question de l'hôtel Biron. Oui, pour le restaurer, « tout au moins » !

Ah ! voilà le grave, le sérieux danger !... Mais il n'est pas à toucher, cet hôtel, ô maçonniers diplômés ! C'est affaire seulement aux plombiers, aux peintres, aux couvreurs à intervenir. Des toitures à réparer, des lessivages à faire, et c'est tout ! Le vieil hôtel se porte, à part cela, fort convenablement ; et il faut le laisser reposer en paix tel qu'il est, architecturalement.

Voyez quel grand air il garde, malgré d'inévitables mutilations !

Quand on aura tracé devant la façade d'entrée un beau jardin à la française ; quand on aura fait, pour l'hôtel de la rue de Varenne, ce qui a été réalisé pour le château de Maisons-Laffitte, récemment ; on comprendra quelle heureuse obstination fut celle de Rodin à défendre cet hôtel parisien ; et combien les grands artistes ne se trompent jamais, quand on accorde crédit à leur génie.

Ce que Rodin fit pour cet hôtel, Mlle Judith Cladel l'a éloquemment raconté dans une brochure, publiée en faveur du musée Rodin.

Avec sa patience inlassable, avec une foi inébranlable, le maître présenta l'hôtel à tous ses amis des Lettres, des Arts et de la Politique.

Chaque jour, se distrayant de son œuvre, il recommençait passionnément les mêmes discours ; il parlait, trouvant, pour célébrer l'œuvre de Gabriel, des accents convaincants. On ne quittait point Rodin avec l'idée qu'il s'agissait, au bout du compte, d'une menue chose du patrimoine national ; l'hôtel grandissait, au contraire, dans l'esprit de tous ; et chacun se promettait de se souvenir, au moment voulu, des nets arguments du maître.

Il était venu là, après d'autres locataires — des chambres au rez-de-chaussée se trouvant encore libres ; — car, il convient de dire qu'à l'hôtel de Biron, aussitôt que conquis sur les sœurs, une nuée d'étrangers et de métèques, aggravée d'un tragédien-néronien, s'était tout de suite abattue ; et mêlant l'espionnage à de vaines besognes de sculpture ou de peinture, elle vilipendait, cette horde, la « douce » France !

Par bonheur, Rodin vint ; et il saisit vite toute la beauté, toute l'harmonie de cet hôtel ; et cette idée de le sauver coûte que coûte s'implantant en lui, il trouva tout naturel de prendre pour cela des journées, des mois et des années sur son temps.

« J'ai été si malheureux, nous disait-il, un jour, de ne pouvoir agir de même, autrefois, pour le charmant hôtel dit de Corvisart, au clos Payen ! En le quittant celui-là, chassé par les démolisseurs, je m'étais bien promis d'être plus heureux dans l'avenir ; c'est pourquoi vous me voyez aujourd'hui si obstiné ! »

Et c'est cet hôtel de Biron, que Rodin a sauvé, qui lui valut tant d'odieuses calomnies !

« Ah ! le triste pays que le nôtre ! » aimait à répéter Fantin-Latour.

N'est-ce pas Delacroix qui, sur la fin de sa vie, écrivait : « Voilà plus de trente ans que je suis livré aux bêtes ! »

Rodin, lui, se contente de dire : « Dans notre temps, il faut batailler d'une main, et faire de la sculpture de l'autre ! »

Mais, je le répète, il a, heureusement, une parfaite impassibilité qui fait mur contre les sottises et contre les lâchetés.

Ah ! ceux qui se disent ses ennemis, s'ils le voyaient, ce grand statuaire, si emporté toujours après son travail, si amoureux toujours de son art, ne connaissant guère les nouvelles du dehors que par ce qu'on lui en raconte ; s'ils le voyaient si ferme, si droit, si calme ; passant, le soir, à l'hôtel Biron, sous l'ombre fantastique de ses groupes de plâtre, alors que des bougies éclairent seules les vastes salles, toutes pleines de statues vivantes ; s'ils le voyaient ne considérant de ses yeux de visionnaire que de nouvelles formes à créer, quelle pitoyable amertume les poignerait !

D'un autre côté, comme si le provisoire Bérard, préposé aux Beaux-Arts, n'était pas plus néfaste, on a beaucoup attaqué M. Dujardin-Beaumetz, parce qu'il *encourageait* trop de médiocrités.

Qu'il lui soit pardonné, car c'est à sa volonté, nettement exprimée, que l'on doit, devant les commissions, le salut de l'hôtel de Biron.

C'est lui, et pas un autre, qui a appuyé en toutes circonstances Rodin ; qui s'est fait l'interprète tout dévoué au maître ; et il n'a jamais redouté, non plus, à la tribune de la Chambre, — et la tâche était dure d'imposer Rodin à tous ces gambadins de sous-préfectures — de dire pourquoi il l'admirait, et de quelle façon il était, en ce temps, le plus grand sculpteur du monde !

Cette situation, n'est-ce pas ? vaut bien une exception unique ! et, en conséquence, qu'on laisse donc en paix Rodin dans la dernière retraite d'art qu'il s'est choisie ; — moyennant une raisonnable location, ô contribuables !

Aussi bien, quand le jour en sera venu, quel inventaire on fera des trésors patiemment amassés là : les moulages groupés, classés ; les collections dans des vitrines ; les dessins aux murs ; et tant d'œuvres inédites, oui, des œuvres encore nouvelles qui frapperont d'étonnement et de respect, quand on les verra, soudainement, en pleine lumière !

Assurément, pour l'instant, ces mots : « Rodin à l'hôtel Biron ! » convulsent les furieuses haines des modeleurs de « boulots », de tous ces sculptiers qui assiègent les bureaux de la rue de Valois, annexe aujourd'hui de l'Assistance publique, sous cette dénomination : *Secours aux artistes !*

Mais c'est la décourager, l'abattre tout à fait, cette cohue de quémandeurs, qui serait œuvre pressante ! Et je raconterai dans un autre chapitre tout le mal qu'ils ont fait à Rodin et à d'autres artistes, ces impuissants embusqués derrière les blocs de marbre que leur octroie sans répit un Etat soumis à toutes les recommandations politiques.

En attendant, l'Art est tombé dans un tel discrédit ; on a organisé un tel trust de l'imbécillité artistique, qu'il est indispensable que l'œuvre de Rodin demeure, là-bas, rue de Varenne, comme un phare qui aveugle de sa lumière les basses combinaisons des nouveaux marchands du Temple.

Car, tant qu'il y aura un Musée Rodin, près de la majesté du dôme des Invalides, l'Art aura les dernières chances de protester avec efficacité contre les lourds appétits des sots.

UNE VIE

Il est, à Paris, un vaste jardin qui, le caractère de la Provence à part, évoque le *Paradou*. C'est le jardin de l'hôtel de Biron.

Une large allée centrale, mangée par les herbes et par les plantes sauvages, subsiste, seule, du beau dessin d'autrefois, au temps des merveilleuses tulipes du maréchal ; et, au hasard, les poiriers, les pommiers et les cognassiers ont poussé, échevelant leurs branches, ou les laissant retomber, lourdement.

Partout, les broussailles bombent leurs petites feuilles, piquées, çà et là, de points noirs et rouges ; partout, la terre est recouverte d'une verdure si drue, qu'on ne distingue plus les arabesques, qui ornaient encore le jardin jusqu'à ces dernières années.

Un botaniste pourrait, peut-être, tenter la description technique de ce vaste jardin si fruste. Lui seul y reconnaîtrait sans doute toutes les plantes mêlées les unes aux autres, et si vivaces qu'à tour de rôle elles surgissent, paradent, en plein épanouissement.

Un nouveau *Paradou !* oui, le mot est exact, à considérer cette massive confusion de verdures ; et ce mot — je lui en rends grâce ! — me dispense de chercher à détailler les attraits de ce jardin sauvage.

Que de fois, au dernier été, j'y suis allé avec le maître, qui venait chercher là un moment de repos !

C'était vers la fin de l'après-midi, dans les rares belles journées de la saison, alors que le dôme, tout proche, arrondissait son dos doré, en plein azur atténué du ciel.

Dora, la chienne familière, bondissait devant nous, et nous causions.

J'ai écouté ainsi — je puis l'affirmer ! — le plus touffu roman d'artiste qui soit !

Mais ce n'est pas ce roman-là que je raconterai, au moins dans toutes ses parties, dans ce livre. Il y a trop de gens et trop de choses encore à ménager ; il faut un recul pour pouvoir tout dire; il faut laisser du mystère s'établir et aussi des légendes. Cela flatte tellement les opinions reçues !

Un touffu roman !

Il est assez complexe et assez beau, du reste, dans ses phases essentielles !

Sans doute, il n'est point comparable, toutefois, ce roman, à celui que vécut, par exemple, l'orageux Benvenuto Cellini. La vie d'un artiste, aux siècles dix-neuvième et vingtième, ne peut pas être faite des aventures d'un artiste du siècle seizième. Non ! c'est la vie plus simple, au jour le jour, d'un artiste d'aujourd'hui ; et c'est pour cela que nous nous attachons à lui, et que nous trouvons tant de prix à rassembler quelques-unes de ses actions.

Evidemment, on les a déjà tournées et retournées de toutes les façons, ces actions-là ! et il apparaît tout d'abord qu'il n'y ait plus rien à dire quant à elles ! Oui, si l'on s'en tient à des redites ; non, si l'on précise dès maintenant des points peu connus ou même passés sous silence.

Ainsi, combien de fois s'est-on posé cette simple question : « Où est-il né, à Paris, Rodin ? »

Répondez !... Vous cherchez ?... Surtout, n'interrogez point là-dessus le maître. Pour lui, ceci et le reste, ce sont choses peu importantes, et que vous ne connaîtrez que par hasard, après bien des attentes résignées, mais obstinément résignées ; car vous, vous voulez connaître, n'est-ce pas ? tous les points de départ et tous les points d'arrivée de cette étonnante carrière.

Eh bien ! ne cherchez plus !... La rue, la rue de l'Arbalète existe encore, non loin de l'ancienne et rustique église consacrée à saint Médard, dans cette partie du cinquième arrondissement que la Bièvre, autrefois, avant que d'être recouverte, arrosait — si l'on peut ainsi dire ! — de ses eaux malodorantes ; mais la maison natale est démolie ; car on a, à diverses reprises, saccagé ce quartier peuplé d'ouvriers et de petits employés.

Et pourtant, tel quel, il reste intime et empli de grands souvenirs. C'est là, en effet, tout près, que M. de Buffon, Cuvier et Pasteur eurent des cabinets de travail, des laboratoires et de magnifiques pensées. Il semble tout juste alors que Rodin soit né dans ce centre de rayonnement ; et que l'avenue de Villiers, par exemple, soit réservée par l'ordre bien établi des choses aux naissances des peintres et des sculpteurs sans talent.

Ce que l'on sait mieux, ce que l'on sait déjà, car on l'a, maintes fois, comme en hâte raconté, c'est que le père du maître était normand — j'ajoute : venu d'ancêtres rouliers — et sa mère lorraine.

La date de sa naissance : le 14 novembre 1840, c'est aussi une chose connue ; et connue aussi son enfance, passée auprès d'un parent, à Beauvais, dans une école, où, s'il témoignait d'une horreur profonde pour l'arithmétique et le solfège, il était, en revanche, transporté de discours, au point que, pendant les récréations, il s'enfermait dans la classe vide, pour gesticuler et parler devant les bancs.

A l'âge de quatorze ans, il revenait à Paris ; et, dès ce moment-là, c'est toute une vie de frénétique travail qui commence.

On a raconté, également, beaucoup de choses de cette époque-là : son entrée à la petite école des Arts décoratifs, sise rue de l'Ecole-de-Médecine ; des leçons suivies au Muséum, auprès de Barye ; mais il y a, sur ces points, plus de choses à dire.

En même temps, en effet, qu'il suivait les cours de la petite école de la rue de l'Ecole-de-Médecine, il allait au musée du Louvre, pour dessiner des antiques ; bien que, là, il ne fût point vu d'un bon œil par les gardiens, complaisants seulement pour les dessinateurs... élégants.

Au marché aux chevaux, il est vrai, où Rodin se rendait aussi deux fois par semaine, pour dessiner, les maquignons n'accueillaient pas mieux ce gamin qui se fourrait partout, et qui manqua un jour d'être étouffé par un cheval serré contre lui.

Ses progrès furent singulièrement rapides.

A l'école de la rue de l'Ecole-de-Médecine, tout jeune encore, il émerveillait les autres élèves et les modèles qui, durant la pose, faisaient cercle autour de lui. Et, cependant, il ne pouvait pas, lui, ne penser qu'à ses dessins.

Il devait « gagner sa vie ! » et il avait trouvé à s'employer chez un ornemaniste.

Toutes ses journées, bientôt, furent alors strictement réglées.

Le matin, de très bonne heure, avant que d'aller à son « gagne-pain », il courait chez un vieux peintre ; et là, il faisait de la peinture, « comme un fou ! » *d'après du nu !* Le soir, après cinq heures, il reprenait sa course jusqu'au musée des Gobelins, pour y *dessiner encore du nu !* »

Et c'est cet enragé de dessin, qui, après plus de cinquante ans d'une telle passion, est accusé par les cuistres de ne dessiner que d'une manière incompréhensible !

Vers l'âge de dix-sept ans, il fit la connaissance de Dalou.

Ils travaillèrent de concert chez un sculpteur, nommé Roubaud. Mais ce Roubaud ne les payait que fort irrégulièrement ; et les deux amis durent se séparer, au moins au cours des heures de la journée. Rodin, pour entrer chez un nouvel ornemaniste ; et Dalou, chez un... empailleur-naturaliste.

On a parlé beaucoup des leçons de Barye données à Rodin. On indique même, sur les livrets des Salons, que l'illustre sculpteur animalier fut le professeur de Rodin. Ce n'est point tout à fait exact.

Rodin ne suivit que quelques leçons dans le sous-sol obscur du Muséum ; et ce ne sont pas ces leçons-là, en vérité, qui peuvent compter !

La bibliothèque était trop propre ; et l'on n'osait pas y travailler. Ce qu'il fit, Rodin, dans l'obscur sous-sol ? Tout ce qu'il trouvait à y dessiner, des études d'après des débris anatomiques, un amas de modèles invraisemblables. Et le professeur, le grand Barye, n'était pas gai. Il avait tellement l'air d'un pauvre répétiteur, avec sa redingote fatiguée, avec son chapeau roussi. L'Etat le laissait positivement mourir de faim, cet admirable artiste, les *pensions* allant, comme toujours, à toute une clique aujourd'hui inconnue.

Toutefois, si Rodin ne put longuement travailler dans le funèbre sous-sol, il y trouva là, cependant, un point de départ amusant.

Un jour, en effet, il montre avec satisfaction à Barye une biche qu'avec sa prodigieuse habileté, vraiment innée, il vient de terminer. La terre en est absolument lisse : c'est une parfaite besogne d'élève.

Barye, bourru, taciturne à son ordinaire, regarde cette biche, et il dit : « Bien ! maintenant il va falloir commencer à modeler ! »

Rodin comprit. Il comprit pour toujours.

Ces cours cessèrent ; il alla alors dessiner à la Bibliothèque Impériale ; puis il songea à se présenter à l'École des Beaux-Arts, la grande École, comme on disait, sise rue Bonaparte.

Par trois fois, il y fut refusé. La raison : *il ne savait pas dessiner !*

Il apportait, lui, un dessin établi en profondeur ; et, à l'École, on ne connaissait que le dessin « passé au cylindre ».

Ah ! triste métairie ! En as-tu fait d'autres gaffes de ce genre ! Si tu as refusé Rodin, en as-tu hospitalisé, par contre, de ces jeunes gens sans talent, sans ambition, sans « rage de parvenir », qui, après avoir peint je ne sais combien de *Chemins de croix*, sculpté je ne sais combien de bondieuseries, ont fini par être photographes ou chefs de bureau !

En as-tu, suprême couronnement, envoyé à Rome de ces médiocres, avec leur brevet d'ânerie ! et combien de fois as-tu rougi d'exposer leurs piteuses « productions » dans ces salles si froides, si mornes, que n'arrivent point à réchauffer les copies des chefs-d'œuvre des maîtres italiens.

Enfin, en as-tu vu passer de ces professeurs, plus ignorés aujourd'hui que des Pharaons de la vingt-sixième dynastie ! et que de Directeurs sans autorité, parfaits ronds-de-cuir sans aucun lustre !

Mais toujours tu te redresses, ô vieille École, appuyée sur les nobles béquilles de l'Antiquité et de la Renaissance ; et tu persuades encore aux bélîtres que tu existes !

Cependant, confesse — ici, j'anticipe — qu'il fut terrible ce mot historique de Dalou sur Rodin, quand les deux amis furent séparés :

— Ah ! il a de la chance, celui-là, de n'avoir pas été à l'Ecole des Beaux-Arts !

Les meilleurs de tes enfants te renient, ô sainte Ecole !

Et passons !

Voici maintenant Rodin logé à Montmartre. Il est entré chez Carrier-Belleuse, rue de la Tour-d'Auvergne.

Ce Carrier-Belleuse était un sculpteur qui ne faisait que du *chic ;* mais il avait un goût très fin, très artiste, et il était, lui aussi, d'une habileté invraisemblable. C'était un type très allural, l'air d'un d'Artagnan. Ses ouvriers, il en occupait bien une vingtaine, copiaient à l'envi ses manières et son pantalon à vis, son chapeau vaste et ses souliers à boucles. Mais l'argent l'entraînait ; aussi, il inondait le Marais de statuettes et de dessus de pendules. Je dois dire tout de suite que beaucoup de ces sujets-là sortaient des doigts de Rodin.

On a écrit que ce dernier « avait fait de la pratique » chez Carrier-Belleuse. C'est inexact. Rodin n'a jamais été, même à ses débuts, un « praticien » ! Il n'exécuta, chez Carrier, que des modèles.

Dans ce nouvel atelier, on s'émerveillait encore de voir Rodin terminer en quelques heures une statuette ou un bibelot. « Et c'était toujours une jolie œuvre d'art qu'il réalisait ! » m'a dit Desbois. On pouvait bien lui prédire le plus grand avenir, car il y avait un sacré modelé du diable dans la plus petite de ses statuettes ! »

Comme il avait dessiné, Rodin, en effet, avait modelé avec la même fougue, à la petite école de la rue de l'Ecole-de-Médecine : du nu — et des plantes, dites « vivantes », que l'on apportait sur la selle.

Aussi, dès l'année 1864 — date historique ! — on allait le voir débuter par ce véritable coup de tonnerre : *l'Homme au nez cassé*.

On allait le voir. Je m'avance ! Cet admirable buste, un des plus beaux de toute sa vie, fut refusé au Salon !

A cet aboutissant, qui tient de l'Ecole des Beaux-Arts et des ateliers mondains, on ne pouvait, il est vrai, agir autrement. Tous les médiocres se tiennent. Accepter Rodin, c'était condamner définitivement l'Ecole, depuis longtemps, depuis toujours moribonde !

Rodin revint à *sa* sculpture, avec quelle joie, avec quel amour !

Il se jetait alors sur elle comme sur une proie ! Il ne prenait aucun autre plaisir. Il n'a jamais fumé, par exemple, pour ne pas se distraire de modeler. Il travaillait toujours dix heures par jour, n'aspirant qu'à l'aube du lendemain pour recommencer.

Après la guerre, il partit pour Bruxelles. Il modela, en compagnie de l'artiste belge Van Rasbourg, des figures décoratives pour le Palais de la Bourse ; et il se prit à aimer la Belgique, plaisant pays, qu'il visitera et revisitera souvent au cours de sa vie. Il chérissait surtout ce vallon de Grœnendael, qui revient dans ses pensées.

« Avec ses quartiers pittoresques et grouillants (a écrit M. Maurice Kunel), ses coins recueillis et somnolents aux alentours des béguinages, Bruxelles évoquait alors une ville bourgeoise et provinciale : des rues torves et malpropres étendaient leur réseau entre des blocs de maisons disparates et encaquées, dévalant vers la place de l'Hôtel-de-Ville.

« Aux abords de la Grand'Place, quelques-unes, restées fidèles au bon vieux temps des ripailles, gardent encore aujourd'hui, avec leur aspect original, ce goût de vieux, rance et pénétrant. C'est la ruelle du Veau-Marin avec ses coins ornés de petites vierges, la rue de l'Etuve qui veille jalousement sa fontaine et son petit homme de bronze ; et puis, toutes ces maisons sans style, sans architecture : guinguettes, vieilles chandelleries, magasins à auvent, buvettes, bicoques des quartiers bas, auxquelles pendaient, comme enseignes, des urnes, des lampions, des chaînes et des blasons peints.

« Les viandes des boucheries et les fruits des marchés empiffraient les estomacs ; et la bière moussant des caves allumait, aux godailles des kermesses, la goinfrerie d'une grosse joie braillarde. Une odeur de cuisine grasse, plantureuse, montait des auberges et des restaurants, partout les terrasses des tavernes suintaient l'âcre relent du « faro ».

« Chaque rue avait ainsi ses estaminets et ses boutiques chargées de volailles et de poissons. C'était, au voisinage des salles de vente, une odeur forte et puante que respirent encore certains centres de l'Anvers actuel. A cet air mauvais et chaud se mêlaient les vapeurs malodorantes de la Senne, qui déambulait à ciel ouvert d'un bout à l'autre de la ville. Véritable lave infectieuse d'eaux bourbeuses et jaunâtres, elle déversait les détritus des halles, les malpropretés des éviers et des caniveaux, les rinçures des brasseries, et, parfois, charriait des charognes en décomposition. Cette rivière grouillait aux écluses, barbotait sous les roues des moulins et activait les palettes des machines hydrauliques, exhalant une buée qui embrouillardait comme d'une haleine moite, âpre et fumante, tout son parcours.

« Tel était ce Bruxelles révélé dans l'âme flamande des Steen, des Teniers, des Breughel, des Grimmer, amants du bon fumet et de la dive bouteille.

« Alors (continue M. Maurice Kunel), dans les endroits moins populeux, régnait une atmosphère condensée, religieuse. Les cloches, de leurs combles, parlaient gravement, mystérieusement. Des femmes en cornette sortaient leurs grands châles d'indienne et se rendaient aux vêpres. Les bourgeois, canne à pomme d'ivoire à la main, coiffés de hauts chapeaux à bords plats, dans leur longue redingote noire, allaient entendre la musique militaire au Parc.

« Aux jours d'été, les familles bruxelloises se répandaient dans la banlieue, pour y goûter l'air de la campagne. Vers le soir, on rentrait boire quelques lambics à l'estaminet, jusqu'à neuf heures, quand les tambours sonnaient la retraite. Elles fréquentaient, en hiver, l'une des trois ou quatre grandes salles de spectacles, allaient voir *Faust* au théâtre royal de la Monnaie, *Le marquis de Villemer* au Parc, assistaient aux représentations des galeries Saint-Hubert, ou aux concerts de la Grande Harmonie, alors un des grands cercles de Bruxelles. »

C'était « cette vie double, caractéristique, à la fois simple et débraillée » de ce vieux Bruxelles que connut alors Rodin.

Il modela là-bas son *Age d'Airain :* dix-huit mois d'un travail exalté pour aboutir à ceci : être accusé d'avoir fait un moulage sur nature !

Il eut du mal à renverser cette opinion, clabaudée par les « sculptiers ». C'est qu'il y avait de quoi s'étonner aussi !

Quelle était, en effet, cette statue si étrangement, si passionnément modelée, surtout si miraculeusement vivante ? Que voulait dire ce modelé si exact, si têtu, si frémissant ?

« Il n'y a pas un artiste au monde, ricanait-on, capable d'accumuler autant de trous et autant de bosses ! Nous, nous ne les voyons pas ! Allons ! C'est une mystification ! confrères sculpteurs, elle a assez duré ! »

Hélas, pour tous ces derniers, elle dure encore, la mystification ! Car aucune des plus glorieuses statues de Rodin ne dépasse le succès public de cet *Age d'airain.* Nulle statue n'est plus demandée, présentement, plus recherchée. Elle figure dans tous les grands musées du monde et chez les plus riches collectionneurs. Pour une *troisième médaille* au Salon, c'est, on en conviendra, une exception sans précédent !

On a raillé, je l'ai noté, les titres successifs donnés à cette statue. Il est vrai que d'abord elle représentait un soldat blessé appuyé sur son javelot. L'arme enlevée — et c'était bien le droit du sculpteur, peut-être ! — il fallut bien voir que la statue prenait une signification autrement puissante, d'où son vrai nom : *l'Age d'airain* ou le *Réveil de l'humanité.*

Et même si elle ne portait pas de nom, braves gens ! — qu'importe après tout ? — est-ce que cette statue ne resterait pas une œuvre magnifique, comparable aux plus significatives réussites de l'Art ?

Voyez-la, considérez-la bien, éclairée par une flamme pour mieux en saisir le modelé ; et vous resterez interdit de tant de beauté ! Tous les « passages », toutes les nuances, toute une merveilleuse mise en œuvre anatomique, c'est le long travail d'un modeleur de génie, et, par surcroît, prodigieusement habile ! Quoi d'étonnant alors à ce qu'il en résulte un véritable chef-d'œuvre ?

Quand l'ancien camarade, quand Dalou revint de Londres, après la Commune, il vit l'*Age d'airain ;* et, dès ce moment, son amitié pour Rodin s'atténua. Voilà un indice formel !

Et, pourtant, Rodin ne lui avait pas ménagé ses services.

Mais Dalou n'était pas un homme à dissimuler sa jalousie. Il était ambitieux et autoritaire. Il rêvait d'être le Le Brun de la République ; et il se préparait à ce rôle avec force palabres. Actif discoureur, il fut vite très écouté à l'Hôtel-de-Ville. Il fut le seul — mais il fut, celui-là ! — à pouvoir régenter l'assemblée municipale ; et, emporté par son élan, il fit cette action mémorable d'y imposer Puvis de Chavannes, bien qu'il fût de notoriété publique qu'il le détestait.

Plus tard, quand Rodin eut la commande du *Monument à Victor Hugo*, la brouille fut complète entre les deux amis. Dalou ne pardonna jamais à Rodin d'avoir été préféré.

En 1878, Rodin fut occupé aux travaux de l'Exposition universelle. Il travaillait de concert avec Desbois chez un nommé Legrain, qui leur faisait modeler des mascarons et des cariatides.

L'habileté de Rodin était alors devenue tout à fait déconcertante. En se donnant comme prétexte qu'il n'y avait pas trop à chercher, il modelait en un jour une grande figure. Que sont devenues toutes ces prouesses ? Il y a certains de ces mascarons au Musée Carnavalet ; mais quant aux cariatides, elles sont, hélas ! allées rejoindre toutes les autres figures que Rodin, faute d'argent, autrefois, pour les faire mouler, a perdues. Oui, l'argent vient toujours trop tard ! malgré toutes les sottises contraires que l'on ne manque jamais de rééditer.

Rodin redevint fidèle à la rive gauche ; et c'est là désormais, qu'il faut le suivre d'atelier en atelier.

Le premier que l'on mentionne, il l'eut au faubourg Saint-Jacques, dans une maison de l'Assistance publique, contiguë à l'hôpital Cochin, et qui est aujourd'hui démolie.

C'était alors un morne quartier, où les petites

maisons abondaient, avec, de place en place, la seule gaîté d'estaminets où s'arrêtaient les camionneurs.

Les ateliers d'artistes pauvres ne manquaient pas dans ces parages. Beaucoup de sculpteurs et quelques peintres qu'aucun client ne visitait. On avait là, autour de soi, une prison, des hôpitaux, des communautés religieuses ; et, un peu plus loin, la maison de fous que quelques-uns de ces pauvres bougres d'artistes, véritables ou faux, entrevoyaient comme une délivrance pour leurs privations continuelles. Une fête foraine secouait une fois par an la torpeur du quartier.

Rodin le quitta pour aller au boulevard de Vaugirard. Là, il occupa un vaste atelier, d'où sa grande renommée partit avec les *Bourgeois de Calais*, dont je parlerai plus loin, et qu'il exécuta dans le plein épanouissement de son génie.

Mais il cherchait toujours d'autres œuvres à créer — et aussi d'autres logis !

Et c'est ainsi, qu'au hasard de ses promenades, il découvrit, boulevard d'Italie, la charmante maison élevée pour M. de Neufbourg, et que Corvisart, le médecin préféré de l'Empereur, Musset et George Sand, habitèrent ensuite.

Il s'informa, et il put s'y installer sans garantie.

Je dis : *sans garantie ;* car, hélas ! l'exquise maison menaçait ruine dans quelques-unes de ses parties ; et les plafonds ne tenaient que par miracle. Mais Rodin en était fort épris ; et il ne rêvait rien moins que de l'acheter, cet harmonieux pavillon, si délicat dans son ensemble, et qu'un clos sauvage entourait. Aujourd'hui, c'est l'atelier qu'il regrette le plus ; et il a vu, avec une véritable amertume, les démolisseurs dépecer, peu à peu, cette coquette *folie*, comme on disait galamment au siècle dix-huitième !

Obligé d'en partir, il se trouva bien qu'on lui ordonnât la campagne : seul remède efficace au surmenage que, depuis tant d'années, il s'imposait.

Le hasard, une fois de plus, l'amena à Sèvres ; et il découvrit, sur une hauteur, une petite maison vieillotte, isolée, mais attachante parce qu'elle avait beaucoup de fenêtres donnant sur un ample panorama. Cette maison avait, disait-on, appartenu à Scribe, le fécond et niais dramaturge. Rodin loua la maison, nullement influencé, ainsi qu'on le pense, par le médiocre souvenir du vaudevilliste ; et là, durant plusieurs années, il se reposa en travaillant de plus belle, avec, de temps en temps, quelques travaux à la manufacture de Sèvres, qui n'était pas alors réglementée comme elle l'est actuellement.

Pitoyable manufacture, du reste ! Celle d'hier et, aussi bien, celle d'aujourd'hui.

Celle d'hier, pire, je le confesse, toutefois. Elle était alors dirigée par un chimiste, nommé Lauth. A bien dire, que venait faire un chimiste dans cette galère ? Ennuyer les artistes, les écœurer par des observations ridicules, les traiter sans politesse, oh ! à tout cela, ce Lauth s'y employait sans lassitude. Bien entendu, en *haut lieu*, on ignorait de tels agissements ; et l'inutile manufacture, bon an mal an, accouchait d'horribles vases et de statuettes, dont on ne voulait plus, même dans les plus pauvres sociétés sportives !

Carrier-Belleuse y était directeur, mais sans grande influence ; ce fut lui qui y appela Rodin.

Un temps dont le maître ne garde pas de plaisants souvenirs.

Il y fit bien quelques vases ; mais on posait ses œuvres par terre, pour qu'on pût, en passant, y donner des coups de pied ; ou on les laissait exposées à la poussière ! L'Etat, certainement, protège les arts ; Rodin ne pouvait pas en douter !

Cependant, il fut ingrat, et il partit. On nomma à sa place un chimiste de plus ; et le renom de la manufacture, à n'en pas douter, s'accrut.

Entre temps, Rodin avait obtenu un atelier au Dépôt des marbres ; il décida, alors, de rester, désormais, à la campagne.

Précisément, une maison à Meudon-Val-Fleury le tentait. Elle avait appartenu à une femme-peintre, Mme Delphine de Cols ; et elle était à vendre.

Cette maison se trouvait encore sur une hauteur ; elle était isolée, et au beau milieu des champs ; Rodin l'acheta.

Il y a maintenant de cela plus d'une vingtaine d'années : et il n'a jamais regretté sa détermination.

C'est qu'on vient bien plus le voir, qu'il ne va chez les autres.

Et il a reçu ici toutes les visites : visites royales, ministérielles et même de l'Institut !

Falguière l'y visita souvent ; mais il fut plus étonnant d'y voir le vieil Eugène Guillaume, la sacro-sainte clé de voûte de la Maison du quai Malaquais, et qui avait commencé par être un des plus irréductibles ennemis de Rodin.

Même un « épileptique » ennemi, car, trouvant un jour chez un de ses amis le masque de l'*Homme au nez cassé*, il l'avait fait jeter aux gravats.

Guillaume vint donc, sur le tard de sa vie, visiter Rodin ; et, ingénument, il se confessa à lui, jurant que, lui aussi, il adorait la Nature. Ces sortes d'amendes honorables, c'est un peu la consolation de vivre !... Au demeurant, c'était un triste bonhomme, cet ancien directeur, par deux fois, de l'Académie de France à Rome ; car, lisez ceci :

Médiocre, chargé d'honneurs et de commandes, il employait souvent Turcan, l'auteur admiré du groupe : *l'Aveugle et le Paralytique*. Turcan redressait les erreurs de modelage, faisait une « pratique » ensuite qui était loin de l'inconsistant labeur du patron ; et, naturellement, le bon praticien était laissé jalousement dans l'ombre.

Un jour, il se hasarde pourtant à s'informer auprès de Guillaume — qui était alors directeur des Beaux-Arts — s'il a des chances d'obtenir une modeste commande, s'il la lui demande, officiellement. Ce lui serait un grand appoint pour sculpter enfin, pour son propre compte, une statue en marbre.

Et Guillaume de répondre : « Non, monsieur, aucune chance ! »

Et ledit Guillaume venait de se commander à lui-même pour plus de cinquante mille francs de « boulots ! »

Je me hâte d'ajouter que je tiens cette anecdote de feu Turcan.

Pour le reste, je veux dire dès qu'il s'agissait de sa triste chair, le vieil Eugène Guillaume était plus généreux. C'est ainsi que, très décrépit, il reprit le train d'Italie pour aller rejoindre un petit modèle qui avait l'accablante corvée de l' « aimer ». C'est touchant, n'est-ce pas ?

Rodin, lui, a mieux aimé ses collaborateurs, ses praticiens. Combien de fois, par exemple, il m'a vanté le mérite de certains d'entre eux, et surtout le grand talent de Jules Desbois !

Turcan tint aussi une large place dans son estime, et il l'appela souvent auprès de lui.

C'est qu'il eut de plus en plus des marbres à faire sculpter, et des « augmentations » d'esquisses à faire préparer. Parbleu ! avec sa formidable imagination, avec son excessif besoin de toujours modeler, d'ajouter sans cesse des œuvres à des œuvres, comment eût-il pu se livrer à un travail de praticien ? Comment eût-il trouvé le temps de reprendre en plus grand le surprenant modelé de son modèle en plâtre ?

Il a formé des praticiens. C'est sous ses yeux qu'ils accomplissent leur tâche ; et il suit pas à pas leur travail. C'est nécessaire.

Le sculpteur qui lui fait ses « augmentations », Rodin l'a formé également, discipliné ; et, pourtant, de celui-ci encore il surveille tout le travail ; et il ne le quitte que lorsqu'il est pleinement satisfait.

Il a donné un modèle toujours admirable, toujours extraordinairement vivant. Vous ne voudriez point qu'il s'appliquât encore à l' « augmenter », alors qu'un modèle fait, il ne songe plus, je le répète, qu'à en réaliser un autre ? Comment un tel maître trouverait-il le goût de « se reproduire » pour toutes ses œuvres ?

Je dirai quelles œuvres grandes il a faites, en effet, de bout en bout, dressant celles-là si splendidement vivantes, qu'on peut croire, après cela, qu'aux prises avec toutes les « grandeurs », il est toujours à son aise.

Il a trouvé un artiste capable de comprendre son modelé ; capable de préparer, comme il le veut, ses « augmentations », tant mieux pour lui ! Il a à exiger bien davantage de ses autres praticiens. C'est que, pour « s'y retrouver » dans son modelé si serré, si obstiné, si complet, il faut un Desbois ou un Turcan ; et de tels artistes, naturellement, veulent faire œuvre originale.

Je gagerais bien que Rodin a tout tenté autrefois pour les retenir près de lui, ces deux artistes.

Il a sans doute rêvé plus d'une fois aux académies de jadis, aux ateliers illustres où un Michel-Ange gardait près de lui d'autres maîtres, qui l'aidaient dans son œuvre totale...

Je dois dire que l'hôtel de Biron et les ateliers de Meudon, si vastes, entretiennent certainement ce rêve. Il est d'hier et il est de tous les jours.

Il m'est arrivé également d'évoquer toute une foule

d'artistes, d'artisans et d'ouvriers, autour de toutes les statues qui peuplent les salles à Paris, et là-bas, à la campagne. Car, vraiment, si l'on s'explique que Desbois ne soit pour Rodin qu'un praticien très intermittent, comment envisager que tant de sculpteurs n'aient pas compris tout ce qu'ils auraient eu à gagner à se faire, non pas les disciples de Rodin, mais ses collaborateurs, ses praticiens, ses auxiliaires? Ils se seraient épargné bien des hontes, bien des dépits et tant de secours mendiés dans les bureaux, où l'on distribue des aumônes sous forme de statues ou de bustes, que l'on s'empresse, dès qu'ils sont livrés, de *déposer* dans les squares des petites villes de province, quand ils ne sont pas plus simplement jetés dans des caves de lointains musées !

Rodin est donc presque isolé à Paris et à Meudon, et cela, je l'avoue, a bien aussi sa noblesse.

Il est ainsi, déjà, une sorte de statuaire de légende ; et je me souviens d'un soir où, passant devant la villa des Brillants, à Meudon ; et, voyant se découper sur le ciel, très éclairé par la lune, la façade du château d'Issy, j'ai été pris d'un grand frisson... Je songeais à tous les fantômes qui dormaient là, dans les ateliers, les uns tout nus, les autres dans leurs longs draps blancs... et je revoyais le *Balzac*, colossal, et toutes les nymphes, et tous les faunes que la nuit avait arrêtés dans leur course ; et je songeais aussi à tant de visages aux rictus d'épouvante ou de passion, qui n'attendaient que le petit jour pour revivre ardemment, pour donner de la vie l'expression artiste la plus forte et la plus angoissante !...

Et je trouvais bien maintenant que Rodin fût seul, le seul hôte de ces ateliers, où une autre présence continuelle eût été hostile à toutes les songeries qu'il ébauche dans le formidable silence !...

De temps en temps, ses modèles lui sont suffisante compagnie.

Les modèles qu'il recherche toujours extrêmement vivants.

Il n'a point caché ainsi le plaisir qu'il prit à dessiner les petites danseuses javanaises et cambodgiennes, amenées à Paris. Ces merveilleuses petites créatures étaient, du reste, d'une souplesse tout à fait invraisemblable et d'une grâce inimitable. Ah ! leurs jolis gestes si enveloppants de caresse ! Quels bras expressifs et quelles cuisses nerveuses ! Il y avait en elles une vie débordante !

Rodin les représenta souvent, quelques-unes très minutieusement rehaussées d'aquarelle, telles qu'on les voit sur les enluminures des vieux manuscrits de l'Orient ; minces gazelles, nullement gênées par la haute orfèvrerie de leur coiffure si amusante, les bras levés et arrondis, les mains joliment retombantes comme des palmes ! Et c'était encore le complexe ajustement doré des costumes, les pieds si finement recourbés, les petites narines battantes, les yeux si brillants, les mains s'écartant et se posant à plat dans l'air, pendant que l'orchestre rythmait les salutations et les séductions des amoureuses épopées.

Le maître les retrouve quelquefois, ces mouvements

si souples, dans ses modèles habituels ; et, dans ce but, il les laisse aller à travers l'atelier, s'asseoir, se courber, à leur fantaisie.

Ah ! ce n'est pas cela la vie des modèles de tant de salonniers !

Presque tous les autres sculpteurs figent une pose d'après une esquisse qu'ils ont faite, préalablement ; et il faut que la nature, que la vie se rapproche de cette esquisse !

C'est l'inverse, naturellement, qu'il faut faire : l'esquisse d'après la pose retenue, donnée par le modèle. S'ils savaient, presque tous les autres, ce qu'un modèle libre peut donner de mouvements intéressants ! On n'a que l'embarras du choix, comme on dit familièrement. Il y a beaucoup de dessins à exécuter en une seule séance ; la nature vous grise en se révélant à vous, si diverse toujours et si belle !...

Je me doute bien que lorsque Rodin, après une absence, un voyage, retrouve quelques-uns de ses modèles, il voit, tout de suite, si, durant ce temps, ils ont posé ailleurs que chez lui. Ils reviennent gauches, maladroits déjà figés par les poses conventionnelles et académiques. Ils ont perdu tout caractère et toute expression. Cela explique les « boulots » si lisses, et toujours si « rondouillards ! »

Et il y a une autre raison : c'est que les habituels salonniers font du modelé à distance, sans prendre même la peine de tourner autour du modèle. Ils se flattent de tout saisir en considérant le modèle d'ensemble. *Ils font du chic d'après nature.* Ils ont appris, à l'Ecole, à modeler de leur coin une figure ; ils ne sortent pas de là. Ils corrigent la nature d'après des traditions immuables, rabâchées par tel ou tel professeur. Quand ils ont eu deux ou trois professeurs, alors c'est de la démence. Ils sont perdus. Toutes les précieuses théories se combattent. C'est un bafouillage burlesque!

J'oppose à cela l'impressionnante façon de modeler de Rodin.

Il modèle, lui, tout contre le modèle; il le palpe ; il suit tous les jeux de la lumière sur la chair; il la considère de toutes les façons ; il la confronte à chaque minute avec son travail ; pour un détail, une main, une jambe, il lui arrive d'enlever la petite main en terre, et d'en achever le modelé, main à main, la main en terre tout contre la main vivante ; et avec quelle frénésie, quelle rage de modelé ! Il a l'air, vraiment, d'arracher la vie à son modèle pour la donner à son esquisse

Ainsi s'explique — avec du génie ! — ce modelé qui fit bêler au moulage sur nature ! alors que le moulage sur nature ne donne pas ce frémissement, cette houle qui court dans tous les plâtres et tous les bronzes du maître, dont je viens à peine d'esquisser la noble vie!...

LE PEUPLE DES STATUES

QUAND un jour — oh ! souhaitons-le très lointain ! car Rodin est une sorte de Force nationale ! — quand un jour, on établira le compte de toutes les œuvres laissées par ce statuaire, on sera stupéfait.

On se demandera comment, même avec des dons de prodigieux labeur et de miraculeuse habileté, il fut possible à un homme d'accumuler tant de statues et tant de fragments admirablement modelés, presque toujours. On éprouvera le même étonnement que lorsque passèrent en vente, après la mort de Delacroix, les peintures et les six mille dessins de ce superbe « tragédien de la couleur ».

Bien des gens qui auront cru connaître Rodin tout entier, qui se seront satisfaits de redites même élogieuses, verront là une œuvre si formidable qu'ils seront bien excusables de ne l'avoir même pas pressentie.

Quel émoi quand on touchera tous ces plâtres accumulés jalousement par un thésauriseur de génie ! Depuis les esquisses, depuis des fragments de torses à peine plus gros que le poing, mais, si modelés toujours jusqu'à l'impossible, jusqu'aux grandes statues frémissantes, ébauches quelquefois, œuvres terminées le plus souvent, quel amas de travail, quelle merveilleuse manifestation d'un génie pour qui le repos était une fatigue, une angoisse telle que pas un instant ne fut distrait de cette longue tâche, fixée non comme un but, mais comme l'unique raison de vivre !

Et tout ce que l'on ne retrouvera pas ! Car il faut bien répéter que beaucoup d'œuvres furent perdues, anéanties, au temps où il n'était pas possible à Rodin d'avoir recours au mouleur. Et ce temps, ce fut celui de sa forte jeunesse, dont *l'Homme au nez cassé* demeure un si complet témoignage. Cette œuvre-là a été sauvée, mais les autres ?

Allez donc retrouver maintenant les jolies statuettes qu'il modela pour Carrier-Belleuse. Tout ce précieux travail sortait de ses doigts habiles ; et les mouleurs, les fondeurs, les ciseleurs le dénaturaient à l'envi. Pourtant, l'ensemble devait être d'un rare intérêt, quand on songe que cet *Homme au nez cassé* fut modelé en l'année 1864 ! Faut-il rapprocher ce moment-là de l'époque où Rodin fut à Sèvres, pour y modeler, en somme, aussi, dans la grâce et dans l'exquise fantaisie ? C'est bien probable ; et les « amours » qu'il put enrouler aux flancs des vases, malgré tant de haines autour de lui, ces « amours-là » devaient venir tout droit de chez Carrier ; car, au contact de ce véritable fabricant, si virtuose, je le répète, Rodin, piqué d'émulation, en avait, lui aussi, enfanté par centaines, des « amours », plus que Murillo et tous les autres peintres dans leurs fameuses *Assomptions*, bien certainement !

Songez ! Au moins cinq bonnes années passées chez Carrier — cinq bonnes années pour un fou furieux de travail comme le fut toujours Rodin, mais c'est de quoi perpétuer la mémoire de bien des statuaires, tout ce qu'il produisit seulement en ce laps de temps ; et je pense que bien des bourgeois de Paris ont sur leur cheminée une œuvre de Rodin, sans s'en douter ; et s'en douteraient-ils, qu'il ne faudrait pas leur en vouloir de ne pas l'affirmer ; car, dans cette rapide production, on peut bien croire que Rodin ne s'imposait point toujours en maître.

On le retrouve, par exemple, tout de suite dans un buste en terre cuite, une *Alsacienne* qu'il modela vers l'année 1871. Puis, de nouveau, c'est le long travail anonyme ; et cette fois à Bruxelles, au Palais de la Bourse et au Palais des Académies.

Après tout, fut-il perdu tant que cela ce labeur même pour autrui ? On peut bien croire que Rodin y gagna sans conteste de pouvoir exercer de plus en plus sa prestigieuse habileté ; et il s'en tirait si bien, en vérité, de tous ses travaux décoratifs, qu'il trouvait le loisir de modeler également des bustes pour son propre compte. Et puis il voyageait, il parcourait la Belgique ; il l'aimait de plus en plus, surtout dans ses paysages et dans ses peintres.

A Anvers, notamment, il demeura longtemps ; et il ne quittait guère le Musée, où il s'éprenait violemment de Rubens, de Van Dyck, des deux Teniers, de Snyders et de Jordaens. Son goût de la peinture l'ayant repris, il lui arrivait même d'entreprendre de reproduire de mémoire une œuvre de Rubens ; et, en faisant et en refaisant le chemin de son logement au musée, et *vice versa*, il arrivait à une interprétation en somme très satisfaisante.

A Anvers, Rodin put admirer la « coquetterie de la ville et la somptuosité des monuments : l'Hôtel-de-Ville, cette belle œuvre de la Renaissance flamande avec ses marbres roses et ses ors ; les églises des Jésuites, parées de deuil avec leurs marbres noirs et blancs ; Notre-Dame, où sont détenus des Rubens.

« La métropole (a écrit encore M. Maurice Kunel) se présente pleine de richesses. Malgré les mœurs grossières de certains quartiers, aux abords du port, les plaisirs grouillants des kermesses avec leur musique de foire, on s'y plaît. A Anvers, où l'Escaut, cette immense écharpe bleue, contourne le flanc de la ville, on respire, enfin ! »

Et Rodin, dans un continuel enchantement, visita Gand, Liège, Bruges et Malines.

Cette dernière ville sut même le retenir dans son charme. N'avait-elle pas déjà exercé la même emprise sur Baudelaire, qui, pendant son séjour en Belgique, avait écrit ces notes charmantes que je ne puis résister au désir de transcrire ici :

« Combien de carillons, combien de cloches, combien d'herbe dans les rues, et combien de béguines ! J'y ai trouvé une église de Jésuites, merveilleuse, que personne ne visite. Enfin, j'étais si content que j'ai pu oublier le présent, et j'ai acheté là de vieilles faïences de Delft. Malines donne une impression générale de repos, de fête, de dévotion. L'air chante une musique vieille, dolente, comme la musique mécanique d'un orgue. Elle représente la joie d'un peuple automate qui ne sait se divertir qu'avec discipline. Les carillons dispensent l'individu de chercher une expression de sa joie. A Malines, chaque jour a l'air d'un dimanche. Un vieux relent espagnol flotte dans la ville.

« Malines (ajoute Baudelaire) est traversée par un ruisseau rapide et vert. Mais Malines, l'endormie, n'est pas une nymphe ; c'est une béguine dont le regard contenu ose à peine se risquer hors des ténèbres du capuchon.

« C'est une petite vieille, non pas affligée, non pas tragique, mais suffisamment mystérieuse pour l'œil de l'étranger non familiarisé avec les solennelles minuties de la vie dévote.

« Airs profanes, adaptés aux carillons : A travers les airs qui se croisaient et s'enchevêtraient, il m'a semblé saisir quelques notes de la *Marseillaise*.

« L'hymne de la canaille, en s'élançant des clochers, perdait un peu de son âpreté. Haché menu par les marteaux, ce n'était plus le grand hurlement traditionnel, mais il semblait gagner une grâce enfantine. On eût dit que la Révolution apprenait à bégayer la langue du ciel. Le ciel, clair et bleu, recevait sans fâcherie cet hommage de la terre confondu avec les autres. »

Epris de tous ces décors, Rodin avait eu cette chance de ne pas s'attarder dans une école, de ne pas perdre de temps sur des leçons académiques, si vaines pour tous ceux qui ont un instinct. Il profitait de cette heureuse situation, en ne demandant des conseils qu'aux vrais maîtres d'hier, et aussi, quelquefois, à l'ingéniosité et à la judicieuse observation de certains de ses camarades.

Revenu à Paris, après avoir longuement médité, travaillé, et en apportant ce chef-d'œuvre : l'*Age d'airain*, il allait, le plus naturellement du monde, reprendre, comme je l'ai dit, des travaux anonymes, qui, certes, lui permirent encore de développer — cela semblait pourtant bien impossible ! — sa merveilleuse virtuosité.

C'était au moment des travaux de l'Exposition, au Trocadéro. Alors là, il fallait aller vite et Rodin faisait tous les miracles qu'on lui demandait. Entre temps, il modelait toujours pour lui-même, et il accumulait les œuvres sur les œuvres.

Il avait loué au faubourg Saint-Jacques une sorte de remise pour les abriter. Chaque jour, une œuvre venait rejoindre tout ce peuple déjà tumultueux. Rodin, poussé par une force mystérieuse, qui ne le laissait pas en repos, ne savait déjà plus, au bout de quelques mois, ce que sa remise contenait, exactement.

« On y entrait, m'a dit un de ses familiers de ce moment-là, avec mille peines. Il y avait des statues tournées contre le mur, dont il était impossible de distinguer les formes ; et Rodin, quand on l'interrogeait à ce sujet, avait un geste de créateur qui ne peut pas s'arrêter sur toutes les choses qu'il enfante. On voyait d'admirables statues ; mais, que voulaient dire tous les autres plâtres enchevêtrés, on ne savait pas! C'est là que je découvris l'*Eve*, tant de fois reproduite, depuis. Le modèle qui avait posé pour cette statue, s'était, un jour, éclipsé ; et Rodin avait laissé là sa statue!... Ah ! Il a dû y avoir bien des massacres dans cette magnifique floraison d'œuvres ! »

Et combien les bustes y étaient nombreux !

Car Rodin a toujours aimé modeler des visages, visages d'amis ou de gens qu'il admirait.

On connaît de cette époque-là, entre autres bustes, ceux de Carrier-Belleuse, de Jean-Paul Laurens, de Legros, de Victor Hugo, de Dalou, d'Antonin Proust et d'Henry Becque.

On a raconté comment il avait été amené à faire le buste de Victor Hugo, et comment sans pouvoir faire poser le poète, il avait réussi à prendre, à l'échappée, les traits principaux, les accents les plus caractéristiques de ce « mauvais » modèle, uniquement préoccupé de sa maîtresse, Mlle Drouet, malade. C'était à un médiocre sculpteur qui avait infligé d'inutiles séances au poète que Rodin avait aussi à s'en prendre. Son propre buste s'en ressentit; et il n'est pas, aujourd'hui, un de ses plus illustres.

Mais le buste de Dalou, n'est-il pas l'égal d'un magnifique Donatello ? Cette fois, le futur auteur du *Monument à Eugène Delacroix* avait bien posé ; et c'est le chef-d'œuvre que Dalou ne posséda point, et pour lequel, en échange, il devait faire le buste de Rodin.

Desbois vit de ce buste de Dalou une belle cire ambrée, dans le ton d'un vieux marbre, préparée pour la fonte à cire perdue.

Il dit à Dalou :

— J'ai vu votre buste par Rodin ; il est admirable !

— Oui, admirable ! répondit Dalou.

Le buste de Jean-Paul Laurens est, également, une extraordinaire effigie. Pourtant, le peintre ne fut pas, dit-on, enchanté de cette œuvre. Pas plus que l'ex-ministre Antonin Proust, de son buste à lui. Rodin a souvent entendu cette chanson-là !

Mais Antonin Proust ne gardait pas rancune de... sa propre incompréhension. Il se contentait d'être un politicien heureux, qui redoutait les coups de toupet. On le vit bien quand il fut compromis, avec tant d'autres de ses collègues, dans la vile histoire du Panama. Il s'affola, et il en perdit la vie. C'était, au demeurant, un brave homme, sinon un homme brave ; et il était plaisant à voir, soit au Ministère, soit dans sa villa des champs, sise rue des Douves, à Niort, s'entêtant dans des conversations artistiques, très orgueilleux surtout de son dédain de l'Institut ; et, ma foi, il a bien mérité de ses concitoyens, en leur offrant, pour leur jardin public, un tas de laissés-pour-compte de la statuaire officielle. Et c'est lui, enfin, qui, dans son dédain de l'Ecole des Beaux-Arts, et en s'appuyant sur Rodin et sur Dalou, créa le musée de sculpture du Trocadéro. Voilà, n'est-ce pas, un vrai titre à notre reconnaissance ?

Les bustes de Rodin ! Ah ! oui, ils en ont effrayé bien d'autres ! Puvis de Chavannes ne fut pas plus sensible que tous les autres portraiturés au génie de Rodin. Ni M. Henri Rochefort, qui avait fait porter son buste au grenier — avant de le faire redescendre dans son salon ! dame, Rodin était devenu si illustre ! Ni Mme Séverine, meilleure journaliste que critique d'art ! Ni quelques autres qui trouvent apparemment que Rodin les a « enlaidis » ! ce qui est au moins risible pour la plupart d'entre eux, vieillards déjà frôlés par l'Intruse !

Le dernier portraituré par Rodin, M. Georges Clemenceau, a refusé, cette année dernière, que son buste fût exposé, en donnant comme raison qu'il se trouvait trop semblable à un vieux magot chinois !

Simple hantise, sans doute ! Car M. Clemenceau possédait récemment quelques très beaux masques chinois ; aujourd'hui, il n'en a plus un seul ; il les a tous vendus. M. Clemenceau, ingrat, n'aime plus les vieux magots chinois !

N'importe, « au-dessus de ce temps, » les bustes de Dalou, de Jean-Paul Laurens et de Puvis de Chavannes, par exemple, exécutés invraisemblablement en une quinzaine de séances à peine, demeureront comme les plus complètes effigies de la statuaire contemporaine. Oui, qu'importe que les intéressés se soient trouvés laids, à travers un modelé miraculeux ! Demande-t-on des jugements, des critiques aux superbes figures des cathédrales ? Se préoccupe-t-on de savoir ce que les modèles pensaient du sculpteur qui les a immortalisés dans la pierre ?

Instinctif puissant, croyant en son génie, conscient à coup sûr de sa force, Rodin, du reste, poursuit sa route.

Les grandes œuvres s'ajoutent aux grandes œuvres. Parti de l'antique, qu'il a patiemment étudié, dessiné, Rodin est devenu maintenant un gothique. Il l'est devenu sans le vouloir, à force de chérir les cathédrales. Il dira plus loin qu'il n'est revenu à l'antique que bien des années plus tard, après une longue période d'une vingtaine d'années. Il est, présentement, plus esclave de la nature que ne le furent Phidias, Michel-Ange, Puget ; mais il est aussi, en général, moins complet que ces trois divins maîtres. Il repart des Gothiques, sans se préoccuper que la Renaissance, cet art « artificiel » qui tient de l'antique et du gothique, a produit une belle floraison d'œuvres. Il n'a pas davantage imité Michel-Ange ; quand on le prétend, on exprime une sottise. Il a, au contraire, une originalité entière, un réalisme très près de la nature que les sculpteurs gothiques, seuls, ont possédé. Pas toujours dans le nu, — puisque aussi bien le nu leur était à peu près défendu — mais, à coup sûr, dans l'arrangement des draperies. Là, ils sont merveilleux. Allez au British Museum ; voyez les sublimes sculptures volées par lord Elgin ; allez à Amiens, voyez, sur un des côtés de la cathédrale, la statue d'un évêque, demi-grandeur nature, qui se trouve au-dessus d'une porte ; c'est la même maîtrise souveraine. L'anonyme sculpteur de cette œuvre gothique égale le sculpteur grec.

Admirons de tout notre cœur les sculpteurs gothiques

qui, eux, ignoraient la sculpture grecque. Elle procède, celle-ci, de la sculpture égyptienne, enfermée dans des canons, par son amour des grands plans, des grands volumes ; et son originalité, c'est d'avoir acquis — elle en avait le libre moyen — un modelé plus vivant, plus frémissant. Mais, je le répète, dans les draperies, dans les ornements (crochets, fleurons, chapiteaux, etc.), les gothiques sont aussi hauts. Des statuaires enviés du dernier siècle : Rude, Carpeaux, Dalou, dérivent, eux, directement de la Renaissance.

Rodin, lui, avec ses *Bourgeois de Calais*, vient des cathédrales. Il est dans la plus pure tradition française.

On lira un jour le livre qu'il a consacré aux édifices religieux de la splendeur gothique. Ainsi sera expliquée toute sa sculpture, mieux que par tous nos essais et toutes nos faibles critiques.

Les cathédrales ! la cathédrale ! Avec quelle ferveur Rodin l'a étudiée, commentée.

Voici Notre-Dame de Reims, la merveille des cathédrales gothiques, avec la magnifique ordonnance de sa façade occidentale, où l'ornementation est aussi sobre qu'admirable ; Reims, avec sa façade à deux tours, à triple portail, donnant la vie émouvante à tout un peuple de centaines de statues, à toute une floraison de dais, de pinacles, de dentelles, d'aiguilles, de feuillages et de clochetons ; voici Notre-Dame d'Amiens, vaste et lumineuse, abritant encore une foule de statues, et, au trumeau de son porche central, le Beau Dieu d'Amiens, l'incomparable effort de la statuaire médiévale ; voici Beauvais, avec son chœur merveilleux ; voici Notre-Dame de Paris, avec la splendeur de sa façade ouest et avec ses trois portails creusés en ogive ; voici la souveraine, peut-être, Notre-Dame de Chartres, celle que Hüysmans élut; Notre-Dame de Chartres, avec l'aristocratie artiste de ses statues; voici Notre-Dame de Rouen, dont la façade ouest est certes grandiose avec ses arcatures à jour, ses pinacles, ses balustrades et ses trois portes, où s'attarde encore la procession de plusieurs centaines de statues ; voici Notre-Dame de Bayeux ; voici Notre-Dame de Coutances ; voici Notre-Dame de Rennes ; voici Notre-Dame de Tours ; voici le pur et majestueux chœur de la cathédrale du Mans ; voici Notre-Dame de Bourges, l'égale des chefs-d'œuvre de Chartres, d'Amiens, de Reims, de Beauvais et de Paris, avec le féerique épanouissement de ses cinq portails accolés et la somptuosité de sa grande nef ; Notre-Dame de Bourges où se trouve le développement le plus complet de la statuaire du moyen âge ; et voici tant d'autres cathédrales, que les modernes architectes dits diocésains mutilent peu à peu, à l'exemple de ces malfaisants maçonniers que furent Viollet-le-Duc, Lassus et Boeswillwald. Ah ! les restaurateurs ! Ce mot !... S'ils pouvaient donc méditer, une fois de plus, ces justes lignes de M. Hourticq, que je reproduis à leur intention :

« Il ne suffit pas d'aimer une architecture, ni même de la bien comprendre pour la ressusciter. Les pastiches gothiques les mieux réussis sont d'une extrême froideur ; le constructeur moderne y apporte ses habitudes classiques, la régularité du plan, la symétrie, la netteté du dessin, cette rigoureuse régularité qui détermine la forme de l'édifice dans tous ses détails et cette division du travail qui fait de l'architecte un pur dessinateur sur le papier et de l'ouvrier un simple tailleur de pierre. Dans les vieilles cathédrales, la pierre est partout vivante, l'œuvre est variée, riche et imprévue ; ces copies modernes sont étriquées ; la géométrie sèche de nos architectes n'a pu retenir l'âme des cathédrales gothiques. »

Cette âme errante, Rodin l'a retrouvée ; ses *Bourgeois de Calais* la contiennent toute. Regardez ces six figures ; elles descendent directement des pierres d'Amiens ou de Bourges : il y a même réalisme émouvant dans les figures, même virtuosité superbe dans les draperies. Dans ces sublimes musées de la rue que sont les cathédrales, les *Bourgeois de Calais* retrouveraient à coup sûr demain leur place. A Notre-Dame d'Amiens ou à Notre-Dame de Bourges, ils seraient les frères naturels de tant de bourgeois du moyen âge représentés en figures de saints ou d'évêques. Imaginez-les, par la pensée, dans les niches des hauts portails ou surplombant l'extrême pointe de l'arc ogival, ou arrêtés comme pour veiller, sur la rampe d'une balustrade ; et vous comprendrez, par comparaison, que ces six figures-là sont hautement et hautainement gothiques ! Oh ! sans doute, leur modelé si vivant perdrait beaucoup à être vu de si loin ; la sculpture de Rodin est surtout faite pour être vue de près, pour être touchée, caressée, comme on touche, comme on caresse un corps vivant ; mais, néanmoins, les grands plans y sont — et s'il y a incontestablement en eux plus de détails que chez les gothiques (j'entends toujours pour le nu), l'effet en resterait singulièrement saisissant. Les antiques, Michel-Ange, Puget, je le répète, voient plus large, créant des ensembles plus impressionnants à distance, à la limite même des yeux ; mais ils sont, ceux-là, des sculpteurs de pleine atmosphère, si je puis ainsi dire — et Rodin est un sculpteur plus « terrestre ».

Il nous a lui-même imposé cette opinion, en demandant autrefois, pour ses *Bourgeois de Calais*, qu'ils fussent posés, sur le sol, *sans socle*, pareils à des hommes de bronze se mêlant à la foule des autres hommes. Pour son *Penseur*, également, voyez-le au Panthéon, presque sous vos regards, et nullement considéré par Rodin ainsi qu'une figure décorative pour l'architecture si morne et si froide de Soufflot.

Rodin fut aussi très à son aise quand il s'attaqua au poème dantesque, quand il eut à modeler tous les personnages hurlants et torturés de la *Porte de l'Enfer*. Là, il se retrouvait dans le cadre d'un portail de cathédrale ; et il n'était préoccupé que de bousculer les uns sur les autres les modelés les plus saisissants, les plus angoissants. Il avait observé de nombreux *Jugements derniers ;* et son esprit critique avait vu clair dans la manière dont les sculpteurs du moyen âge ont successivement représenté ce drame grandiose et de sûre épouvante.

« Car, dit M. Hourticq, le thème du *Jugement der-*

nier, qui se retrouve dans presque toutes les grandes cathédrales, permet de voir comment un même motif s'est formé, puis transformé durant les XIIe et XIIIe siècles ; il a manifesté les caractères successifs de la statuaire française, la violence informe et disloquée d'Autun, puis la majesté sereine de Paris, et enfin l'art dramatique et pathétique de Bourges. A Autun, la scène est déjà au complet : le Christ, les morts qui s'éveillent, les anges et les démons qui se disputent, élus et réprouvés ; mais les éléments sont encore mal agencés ; le Christ prend trop de place ; autour de lui, des figures dégingandées font un tel désordre qu'on ne s'explique pas clairement le grand mystère qui se joue. Au porche méridional de Chartres, la composition est calme, bien équilibrée ; au-dessous du Christ, les petits corps des élus et des damnés sont rangés avec ordre, mais la scène, un peu réduite, manque de grandeur. A Paris, le *Jugement dernier* est représenté en trois registres, avec une clarté merveilleuse ; en haut, Jésus préside au dernier jour du monde ; au registre inférieur, les morts sortent de leur tombeau ; à l'étage intermédiaire, l'archange et le diable partagent les âmes. Mais si elle est nette, la composition manque peut-être de mouvement ; le réveil des morts ne va pas sans quelque monotonie (*l'exécution, il est vrai, en est moderne*) ; les groupes des damnés et des élus s'organisent en théories compactes et bien sagement dirigées ; dans les voussures seulement passe la chevauchée sinistre de l'Apocalypse. A Amiens, on retrouve la même composition grandiose, moins paisible, plus grouillante. Mais c'est à Bourges que le drame est animé et émouvant. Ici, le sculpteur, au lieu de la masse un peu monotone des figurants identiques, s'est appliqué à l'analyse des sentiments ; après avoir soulevé la dalle de leur tombeau, les ressuscités s'inquiètent, s'agitent supplient ; au-dessus, de chaque côté du grand ange qui pèse les âmes, la séparation définitive se fait entre les deux mondes. Les damnés sont chassés, jetés dans la gueule de l'Enfer par des diables horribles et grotesques ; l'un d'eux a la face ricaneuse d'un satyre. Mais les élus surtout sont attendrissants à contempler pour la foi intime qui éclaire d'un sourire poupin leurs petites têtes frisées. »

Je dirai, dans un autre chapitre, comment Rodin fut amené à modeler sa *Porte de l'Enfer ;* mais j'ai tenu à noter tout de suite le rapprochement qu'il est impossible de ne pas établir entre elle et un portail de cathédrale. Sans doute, d'autres sculpteurs ont eu cette idée de reprendre le grand enseignement gothique. Carriès a abondamment fait surgir des têtes grimaçantes et grotesques sur des cadres de portail. Il les a d'autant plus multipliées, qu'avec son adresse véritable et sa ruse, il abusait plutôt du moulage sur nature, jusqu'à se mouler soi-même ; mais en céramiste ingénieux, il déroutait beaucoup de professionnels ; et l'on s'extasiait, généralement, sur sa forte production. Aussi bien, Bernard Palissy ne l'avait-il pas déjà employé le moulage sur nature, pour surcharger ses plats de poissons et de fruits ?

Le *Balzac*, c'est encore une pierre gothique, torturée par un sculpteur du XIXe siècle. Je veux dire que cette figure porte, inscrites sur son visage, des souffrances et des révoltes modernes. Mais elle a aussi son étampe indiscutable. Voyez le nu qui servit pour porter la robe de moine : ce nu massif, cambré ; ne le retrouvez-vous pas dans les grandes études des *Bourgeois de Calais* ? Certes, bien qu'à un degré moindre, car les *Bourgeois de Calais*, entièrement modelés dans leur grandeur d'exécution par Rodin seul, demeurent inimitables.

Il reste un Rodin sur lequel la Littérature a tout à fait divagué : le Rodin que les poètes ont présenté comme un thaumaturge, comme un mage ou comme un « grand douloureux ».

J'y arrive.

Ce Rodin-là, chaque fois qu'il lui est venu le désir de modeler un corps de femme, Danaïde ou Faunesse, on n'a pas manqué de célébrer en lui, en même temps que sa sensualité, un amas de subtiles vertus littéraires, qui n'ont rien à voir avec la Sculpture.

Rodin a cultivé son esprit : il a lu Baudelaire, Hugo et bien d'autres poètes et prosateurs (n'a-t-il pas, par exemple, une prédilection marquée pour Jean-Jacques Rousseau ?) ; mais est-ce une raison valable pour voir, dans chacune de ses figures féminines, une *Femme damnée* ou un *Succube* ?

Parce que, la plupart du temps, lesdites figures sont animées d'un mouvement, il est vrai, quasi-étrange ? Allons, c'est tout simplement le modèle qui donne ce mouvement ; un modèle, qui, le plus généralement, est une brave et honnête fille, très pacifique ; mais, voilà, elle est aussi fort souple ; et Rodin sait l'encourager à lui donner des poses qui suscitent le lyrisme des porteurs de lyre !

Certainement, oui, il a dessiné tout au moins des « Femmes damnées », (un exemplaire de collection des *Fleurs du Mal* contient en marge des dessins de Rodin) ; mais ces dessins-là, en quoi sont-ils, plus que d'autres, des dessins de « Femmes damnées » ? Ce sont des mouvements de modèles, des mouvements sensuels, frénétiques quelquefois ; mais, je le répète, les jolis corps vivants qui ont posé n'inspirèrent rien du tout de damné !

Bien entendu, des imitateurs de Rodin — car ce comble existe ! — ont exagéré la thaumaturgie si niaisement accordée à ce grand statuaire ; et l'on a vu, durant ces dernières années, tout un lot d'encombrants « navets » s'imposer aux Salons des deux Sociétés, aussi vaines, d'ailleurs, l'une que l'autre !

On a vu je ne sais combien de ces « boulots » dits littéraires, pas venus à terme, et que recommandaient seulement des titres ridicules. Corps prostrés, toutes luxures dehors ; corps éperdus, effondrés sous l'amas des plus effroyables peines ; visages de damnés et figures de passion !!!

On a vu mieux encore : des gens qu'affole Rodin, aller vers celui de ses imitateurs qui le démarque le plus, et lui commander des besognes pour une décoration de théâtre ! Ça, n'est-ce pas, c'est un couronnement ?

M. Octave Mirbeau a écrit sur Rodin : « De lui, part un style. » Espérons que non : le résultat en serait pitoyable. Voyez-vous de jeunes sculpteurs prenant candidement le fil de cette nouvelle tradition ? Rodin est un isolé, un forcené individualiste ; il ne peut avoir ni élèves ni disciples. Son âme est une âme tout de même de ce temps ; nous croyons la comprendre à force de littérature, et alors, nous sombrons dans la folie ou dans la sottise. Pourquoi s'obstiner à l'expliquer par tant de phrases lamentablement égarées ? Pourquoi tant de phraséologie à propos d'une sculpture uniquement et fortement instinctive développée par l'admiration continue des cathédrales ? Seul de tous les littérateurs, M. Raymond Bouyer a eu raison d'écrire : « Cherchons simplement à comprendre Rodin sculpteur ! »

La tâche n'est déjà pas si aisée ; et j'envie ceux qui acceptent toute son œuvre, en bloc, sans raisonner.

D'autres, aussi peu inquiets, s'en tiennent à des *sujets*, choisis dans son œuvre ; et ils n'achètent que ces sujets-là pour leurs Musées ou leurs collections.

Une remarque est à retenir : il y a des années où l'on ne demande que l'*Age d'airain* ; d'autres années l'*Eve*, seulement. Le charmant groupe : *Frère et sœur*, est, lui, par contre, toujours très prisé. *Le Baiser*, aussi, jouit de la faveur publique ; et, au musée du Luxembourg, ce groupe est bien plus regardé, à tort, que le buste de Jean-Paul-Laurens, par exemple.

Aussi, je comprends bien que les fragments que Rodin expose maintenant aux Salons effarent.

Ce n'est plus là un *sujet ;* on est pris d'une fureur sauvage, et d'autant mieux qu'on la sait localisée également chez les sculptiers de l'Institut.

On répète : « C'est un défi au bon sens ! une atteinte à l'Art ! un outrage au goût public ! »

Durant quarante années, Rodin a produit des chefs-d'œuvre *entiers*, montrant qu'il savait modeler, mieux que tous les sculpteurs ensemble, des bras, des jambes, des pieds, des mains, des têtes ! N'importe, on aboie, parce qu'il faut toujours malmener le génie le plus incontestable. Et les petits journaux, les revues de beuglants, les vaudevillistes, recueillent à ce propos les mots les plus éculés, l'esprit qui monte des composts !

Pendant ce temps, il y a un spectacle annuel qui est de la plus irrésistible drôlerie : je veux parler du Salon de sculpture de la Société des artistes français.

Chaque fois, c'est un spectacle vraiment gai !

Des « navets » de plâtre et de marbre s'étalent, se chevauchent, dressent des bras, des jambes, replient des croupes, érigent des fesses, se pavoisent de faces inexpressives ou hurlantes.

On voit des soldats brandissant des fusils de marbre ; des navigateurs s'arc-boutant sur une ancre ; des Adonis qui pleurent sur leurs pieds inexistants. On voit des attelages de bœufs plus grands que nature ; des chevaux bicéphales et des nymphes obèses. On voit des statues d'hommes politiques et de magistrats, d'évêques et de marchands d'Elbeuf. On voit des cuirassiers à cheval, regardant au loin ; une famille qui mendie ; une porteuse de pain, accorte ; un Ganymède qui s'effondre sous des flots de muscles mal attachés. On voit des bustes enfin et des médaillons en tas. C'est le Salon de l'Institut et des commandes.

M. Dujardin-Beaumetz, lui-même, s'est lassé d'acheter *ça*. Il est parti ; il ne reviendra plus !

Et ce sont ces exposants-là qui passent, avec des ricanements, devant l'œuvre magnifique de Rodin ; qui se vantent de lui « souffler » des commandes ; qui ont, plein la bouche, les noms de Carpeaux ou de Rude, pour les opposer à leur Maître, au seul Maître ! C'est d'une irrésistible gaîté !

Je réserve pour un chapitre spécial le récit de leurs tristes histoires ; car, ils ont volé à Rodin bien des commandes, ces affligeants indigents de la Ville de Paris et de l'État. Nous les retrouverons soutenus par la sottise des bureaux, pendant que Rodin ne pouvait compter que sur les intelligences étrangères — pour vivre.

Aux Etats-Unis, il y a longtemps qu'on lui a consacré, au musée métropolitain de New-York, de spacieuses salles, toutes embellies de ses œuvres. En Allemagne, en Angleterre, en Suède, en Autriche, partout, on l'a fêté ; et les plus notoires écrivains de tous ces pays sont venus à lui.

En France, les sculptiers, les faux peintres, les architectes et les tapissiers, se sont souvent plaints des louanges accordées à Rodin par les littérateurs et les journalistes. Parbleu ! Il eût été étonnant qu'il en fût autrement. Il eût été agréable aux sculptiers, je le sais, qu'on ne parlât point de Rodin. Un gêneur, maintenant, un trouble-fête, un dérange-toute-combinaison ! Et cependant, et cependant quel sculpteur est toujours préféré, *à Paris*, à Rodin ? Monsieur Denys Puech !

Vous voyez bien que l'Internationalisme a du bon, au moins pour l'honneur de l'Art !

Malgré tout, on ne peut s'empêcher de songer à telle autre grande chose glorieuse que Rodin eût exécutée, si on lui avait donné, tenez, tout le Panthéon à décorer ! Une liberté entière d'agir à sa guise ; les bureaux, pour une fois, s'endormant pour de bon ; et des crédits illimités.

Dans la pleine maturité de son génie, on pouvait tout attendre de Rodin, car il y a certaines de ses œuvres (ses *Bourgeois de Calais*, en exemple) qui vont de pair avec les plus magnifiques œuvres de Michel-Ange ou de Puget. Comment, dans la triste histoire politique, ne s'est-il donc pas trouvé un homme pour investir Rodin de cette noble confiance ? Un Jules II, lui, n'eût pas manqué de donner à Rodin la clé du Panthéon, et même de l'enfermer dans le monument jusqu'à l'achèvement de son œuvre !

Telle quelle, elle est prodigieuse. Inégale, certes ; mais, plus tard, il sera aisé, dans ce peuple de statues, de réunir une centaine d'œuvres absolument incomparables ; et l'on verra bien, alors, que c'est lui, et lui seul, qui succède à Puget ; et que les *Bourgeois de Calais* sont de la même famille illustre que les *Cariatides* de l'Hôtel de Ville de Toulon.

Car, on ne s'en rendit peut-être point compte exactement, quand le modèle en plâtre des *Bourgeois de Calais* fut exposé dans la galerie Georges Petit, en même temps que des peintures de Claude Monet, et à côté d'autres œuvres de Rodin, telle la statue de *Bastien-Lepage*.

Il y eut quelque émoi parmi les visiteurs ; mais combien peu d'entre eux purent analyser les sensations qu'ils subirent !

On sait, en effet, ce que valent ces foules de dilettantes et de dames qui s'abattent à jour fixé dans des salles de marchands de tableaux ! Elles viennent là sans éducation préalable, et elles n'y apportent, en outre, aucune espèce d'intelligence. On le vit bien quand on organisa à l'Ecole des Beaux-Arts une exposition d'Eugène Delacroix ; et, presque à côté, dans un bâtiment voisin, une autre exposition, celle-ci consacrée à Bastien-Lepage. Tout le succès fut pour ce dernier peintre, et J.-K. Hüysmans raconta cette aventure en ces termes :

« Les expositions de Delacroix et de M. Bastien-Lepage se touchaient ; les dames qui, comme chacun sait, s'intéressent vivement à la peinture — et la comprennent autant que la littérature — ce qui n'est pas peu dire ! — passaient, sans sourciller, de l'exposition des Beaux-Arts à l'exhibition de la maison Chimay, et regardaient avec une admiration égale l'*Entrée des Croisés à Constantinople* de Delacroix et les bouvières d'opérettes costumées par le Grévin de cabaret, par le Siraudin de banlieue qu'était M. Lepage. Les rengaines sévissaient : « On admire le beau où qu'il se trouve. Parce

« que Delacroix fut un grand peintre, est-ce une raison « pour que M. Bastien n'en soit pas un autre ? » Et personne, non, personne ne tressaillait devant cette ridicule familiarité d'un office et d'un salon, devant cet incroyable coudoiement d'un laquais et d'un maître ! »

Cette fois, à vrai dire, on n'avait fourni, à la galerie Georges Petit, aucun moyen de comparaison entre Rodin et un autre sculpteur. Il était le seul statuaire présent, et il fallut bien faire en sorte de « comprendre ». On ne comprit point ; mais on poussa quelques cris d'éloges qui compensèrent les sottises exprimées à haute voix par de sots banquiers, avoués ou marchands de nouveautés, qui regrettaient, sans pudeur, l'absence de M. Mercié.

D'ailleurs, c'est de cette façon-là que Rodin a toujours pris contact avec les visiteurs mondains : en les stupéfiant ou en les faisant ricaner. « L'impopularité est une marque d'aristocratie ! » a dit Baudelaire ; or, Rodin est toujours impopulaire. On l'admire quelquefois, on le redoute toujours. Quand il arrive au Salon avec ses œuvres, les membres du Comité, eux-mêmes, ont un frémissement. Quelle place va-t-il encore exiger ? La première !

Et ils sont contraints de se rendre compte qu'Il est le Salon, tout le Salon ! Si, par de bas complots, de sournoises attaques, ils arrivaient à obliger Rodin à ne plus exposer, c'en serait fait de leur groupement. Ils ont bien vu cela jusqu'à l'évidence ; et ils ne peuvent mieux faire que de se révolter... en dedans !

Pourtant, Dieu sait que Rodin n'accable pas de nombreux « envois » les Salons. Depuis pas mal d'années, il se contente d'exposer une statue, un fragment ; et c'est tout ! Mais c'est formidable et l'on ne voit que *cela !*

Et cherche-t-il à frapper par le volume, par la masse ? Non, certes. Il a des groupes magnifiques qu'il ne veut pas montrer, qu'il a l'air de tenir en réserve pour les belles années de l'avenir.

Fit-il des statues équestres, d'encombrantes statues équestres ? Non. Une merveilleuse esquisse du *Général Lynch,* réduite ; et c'est tout ! Feu Barrias, de l'Institut, était, lui, un véritable entrepreneur avec son *Monument à Victor Hugo,* cette honte ! et, de même, ce Morice qui installa, sur la place de la République, un gigantesque encrier que garde un lion-bobèche, arrêté devant l'urne du suffrage universel !

Oui, combien d'esquisses, combien d'inégalables œuvres que Rodin n'a jamais voulu montrer au public. Dois-je signaler, par exemple, son *Monument du Travail,* dont l'idée première est de M. Armand Dayot, qui la proposa au sculpteur Jules Desbois, et que celui-ci offrit à Rodin, comme au plus digne. De ce beau projet, M. Gabriel Mourey donna, dans les termes suivants, une éloquente description, qu'il convient de reproduire ici :

« N'a-t-on pas oublié, à travers les agitations et les angoisses de ces derniers temps, certain projet d'un *Monument du Travail* que M. Armand Dayot souhaitait, il y a quelques mois, de voir s'élever, à l'aube du prochain siècle, comme une glorification de l'effort humain ? On courut interviewer tous les sculpteurs plus ou moins dignes de ce nom ; ils s'enthousiasmèrent et l'on put un moment fonder des espérances de réalisation. L'œuvre étant au-dessus des forces d'un seul homme, un groupement d'artistes s'imposait ; mais toute collaboration — encore que l'on ait souvent eu l'exemple du contraire — nécessite une entente. Or, comment concilier les tendances, les aspirations, les goûts sinon opposés, différents du moins, de tant de personnalités isolées ? L'abnégation est une vertu que pratiquent peu les artistes modernes, et ce n'est plus la foi qui les unirait, comme au moyen âge, pour une œuvre d'art collective ; on ne construit plus de cathédrales aujourd'hui. Si séduisant qu'il pût paraître, le projet fut donc abandonné.

« Mais aucune idée belle ou généreuse ne demeure inféconde. Au lendemain de cette lutte qu'il eut à soutenir avec son *Balzac* contre l'ignorance, le parti pris et la sottise, Rodin la sentit germer en lui. Célébrer le travail, glorifier l'effort, devait tenter cet infatigable travailleur. Il chercha, il chercha, et il trouva, et j'ai eu la joie de le voir, hier, dans son atelier de la rue de l'Université, découvrir la première maquette du *Monument du Travail*.

« S'il y a quelque enseignement à tirer d'un monument consacré à la gloire du travail, s'est dit Rodin, il faut que chaque partie en soit visible ; il faut que ce monument, après avoir étonné et attiré le regard par son ensemble, satisfasse par chacun de ses détails la curiosité et rende tangibles les leçons qu'il contient. Une colonne, comme la colonne Trajane ou la colonne Vendôme, a pour elle la noblesse et la beauté de l'ensemble, mais qui donc a jamais vu les bas-reliefs qui s'enroulent autour d'elle ? A peine peut-on discerner ceux de sa partie inférieure. Donc, si l'on fixait autour de cette colonne un chemin en spirale d'où la vue pourrait aisément contempler les sujets qui la décorent et si l'on enfermait le tout dans une tour ajourée, dans une tour à arcatures légères par où la lumière pénétrerait largement, et qui rendrait plus séduisant encore l'aspect extérieur du monument, il semble que toutes les difficultés seraient vaincues.

« Par une porte que gardent des figures du Jour et de la Nuit, symbolisant l'éternité du travail, on pénètre sous la tour : une vaste chambre est réservée aux métiers qui extraient des entrailles du monde les matières premières. En larges bas-reliefs d'une facture brutale presque, d'une sculpture synthétique à grands plans, afin de les rendre plus lisibles dans le demi-jour qui règne là, est dépeinte la vie des mineurs, des scaphandriers, les sombres et périlleux labeurs de la terre et de la mer.

« Puis l'ascension commence. Le colimaçon s'enroule de droite à gauche. A mesure que l'on monte, le travail s'affine, les métiers moins grossiers apparaissent, ceux où l'esprit prend le plus de part. D'un bas-relief à l'autre, le sujet change ; une sorte de cariatide-corbeau synthétisant chaque métier les sépare et supporte le plafond. Montez jusqu'au sommet ; là-haut, c'est la pensée pure qui réside, le métier le plus noble, représenté par l'artiste, le poète, le philosophe. Puis, couronnant le monument en plein ciel, posés sur l'extrémité de la colonne qui, maintenant dégagée de la tour, s'élance vers l'azur, deux génies, deux bénédictions, versant sur le travail l'amour et la joie, car c'est d'amour et de joie, malgré toutes les douleurs et toutes les haines, qu'est fait le travail.

« Quant aux proportions du Monument, quoiqu'elles ne soient nullement arrêtées dans l'esprit de Rodin, il convient d'en parler. La colonne elle-même aurait à peu près le diamètre de la colonne Trajane, c'est-à-dire de 3 à $3^{m},50$; le promenoir en spirale serait large d'environ $2^{m},50$ ce qui fait en tout 8 mètres de diamètre. Quant à la hauteur, elle resterait soumise au plus ou moins d'importance que prendrait l'œuvre, mais il faut compter une dizaine de tours de spirale de $2^{m},50$ à $2^{m},80$ de haut. La dimension des bas-reliefs serait celle de la frise des Panathénées et ils seraient éclairés de la même façon. Il va sans dire que toutes les figures du monument sauf les figures symboliques du Jour et de la Nuit et des deux Bénédictions, porteraient le costume moderne, représenteraient le travail tel que nous le voyons chaque jour se manifester autour de nous.

« Tel est le rêve de Rodin. Rêve de grand poète et de grand artiste. Rêve d'un grand amoureux de la vie. Puisse-t-il être mis à même de le réaliser, non par lui-même seul — car la tâche matérielle est trop lourde — mais avec l'aide d'un groupe d'artistes choisis par lui, et qui accepteraient le plan général de son œuvre, tout en conservant leur indépendance d'efforts ! Voilà une belle occasion pour l'Etat de montrer que ce n'est pas en vain qu'un grand artiste peut avoir de grandes idées. »

Ah ! bien oui ! l'appel généreux de M. Gabriel Mourey ne fut même pas écouté ! Nulle solitude n'est plus aride que celle que l'on fait autour du génie ; et tous les cris que l'on pousse pour qu'il se manifeste plus aisément, ce n'est pas l'Etat qui a pour mission de les entendre.

Ni l'Etat, en conséquence, ni les sculpteurs, du reste, ne souscrivirent au vœu si noblement exprimé par M. Gabriel Mourey ; et Rodin, après de nombreuses tentatives, dut abandonner la réalisation de ce beau projet.

J'ai vu, à Meudon, l'esquisse en plâtre de ce *Monument du Travail.* Elle se dresse dans un coin du vaste hall, qui contient tant d'autres œuvres ; et la poussière, lentement, semble la voiler de résignation. Oui, c'est encore une admirable chose perdue, parce que le règne du suffrage universel ne réalise pas les rêves des artistes de génie. Et c'est compréhensible ! Que peut-on demander, en effet, à des gens uniquement préoccupés d'affaires, de dols et de vols, et que la politique, seule, réussit à agiter comme des convulsionnaires ?... Et puis, je l'ai déjà dit, un directeur des Beaux-Arts (un mot et une chose saugrenus !) doit contenter une foule de médiocres, commander un amas de statues, un lot de toiles, afin que le suffrage universel (toujours lui !) soit satisfait ! il n'y a rien à répondre à cela ! Le génie est haïssable !

Les gens de la Chambre aboyaient assez chaque fois que M. Dujardin-Beaumetz avait à défendre les achats d'œuvres de Rodin qu'il avait faits — au prix du bronze ! Les députés hurlaient comme si l'on avait tenté de toucher à leurs quinze mille livres de rente. Ils faisaient aussi des mots ; ils s'égayaient. L'un disait : « Si l'on achète telle œuvre de M. Rodin, alors, il faut défalquer le prix des bras, puisqu'ils manquent ! » Un autre : « M. Rodin est un Turc ; il ne fait que des massacres ! » — et des rires bruyants secouaient tous les bancs ; cependant que le président, feu Henri Brisson, la mine lugubre, déplorait ces « querelles byzantines », en songeant à la question bien plus vitale du cléricalisme !

Le cléricalisme ! Rodin, aussi, y songeait, à sa façon. Il avait dit, un jour : « Ah ! combien elles sont jolies les églises de villages, avec leurs allées de tilleuls, plantés tout autour ! »

LA PORTE DE L'ENFER

Il y a pas mal d'années, vivait un sous-secrétaire d'Etat aux Beaux-Arts, qui n'était, à tout prendre, ni plus sot ni plus intelligent que tous ceux qui lui ont succédé. Ce qui le recommandait surtout, c'était un réel besoin de justifier son existence ou mieux sa fonction. Pour cela, il se révélait très actif et, chaque jour, il faisait parler de lui.

Bien entendu, comme il sied, l'Institut était pour lui un Temple, peuplé de dieux et de demi-dieux. L'Art Officiel, par deux majuscules, se présentait, à ses yeux, sacro-saint : Jouffroy, Dumont, Thomas, grands lamas de la Sculpture, seuls, comptaient, dès qu'il cherchait un ou des successeurs à Pradier et autres Clésingers. Mais, néanmoins, quand un autre nom que ceux-là bourdonnait un peu trop à ses oreilles, il se décidait à « chercher à savoir » ce que valait ce nouveau venu.

C'était ainsi que le sous-ministre Turquet avait appelé auprès de lui Rodin.

Il y avait bien la fâcheuse histoire de l'*Age d'airain* : le soi-disant moulage sur nature de la statue tout entière. Mais l'Institut, représenté par Paul Dubois et Falguière, s'était prononcé : on avait renvoyé Rodin des fins de la suspicion, et capable de modeler la fameuse statue.

Tout était donc pour le mieux, et Turquet, pour se punir de son indécision tâtillonne — est-ce qu'il n'avait pas pris, par surcroît, des renseignements sur Rodin durant son séjour en Belgique ? et n'avait-il pas demandé comment ladite statue avait été faite ? — Turquet avait, coup sur coup, acheté l'*Age d'airain* et le *Saint Jean*.

Cela, malgré, bien on pense, les cris et les fureurs de l'Institut. Il est vrai que le ministre Antonin Proust se tenait derrière Turquet ; et Proust n'aimait ni l'Institut, ni l'Ecole des Beaux-Arts, comme j'ai déjà eu le plaisir de le dire

« Couvert » par son ministre, selon l'étonnante expression administrative, Turquet, alors, fut pris de délire. Acheter des œuvres à Rodin, ce n'était pas assez ; il fallait lui commander une œuvre, spécialement.

Rodin, pressenti, accepta ; et il ne fit point attendre sa réponse. Il ferait la *Porte de l'Enfer*, de Dante. On l'avait accusé de moulage sur nature ; eh bien ! il exécuterait une foule de petits personnages, pour déjouer cette fois tout propos calomnieux. A la rigueur, on peut encore réduire une figure moulée sur nature, mais une centaine ! c'était bien impossible ! Et Rodin se mit à l'œuvre.

Pour qu'il pût exécuter sa commande, on lui donna un atelier au Dépôt des Marbres, sis rue de l'Université, au nº 182.

Ce Dépôt des Marbres est un très vain immeuble de

l'Etat; mais enfin, par son existence, il justifie quelques douces sinécures administratives particulièrement enviables.

Il y a un conservateur et un concierge qui gardent des blocs de marbre et quelques carrés d'herbes folles.

On ne se doute pas quel silence règne là. C'est un véritable sanatorium, disons d'art, pour quelques protégés du régime !

Rodin vint heureusement dans ce lieu ; et il le réhabilita.

Depuis lors, la *Porte de l'Enfer* même l'illustre ; et vous ne me démentirez point, si vous lisez la description suivante de la magnifique œuvre de Rodin que donna, dans une éloquente série de la *Vie artistique*, M. Gustave Geffroy :

« La Porte, haute de six mètres, est debout, et elle est disséminée. Les statues du sommet, certains groupes des panneaux, les montants, des bas-reliefs sont placés. Mais partout, dans la vaste salle, sur les selles, sur les étagères, sur le canapé, sur les chaises, sur le sol, les statuettes de toutes les dimensions sont éparses faces levées, bras tordus, jambes crispées, pêle-mêle, au hasard, couchées ou debout, donnant l'impression d'un vivant cimetière. C'est une foule, une foule muette et éloquente, qu'il faudrait regarder, individu par individu, comme on feuillette et lit un livre, s'arrêtant aux pages, aux alinéas, aux phrases, aux mots.

« C'est en effet l'équivalent d'un livre profond, c'est une œuvre de grande observation et de haute métaphysique que ce répertoire prodigieux, qui doit réunir la complexe multitude des passions et des vices, évoquée par un geste, par une attitude, par une inclination de tête, par une expression de visage. Le sujet adopté et qui donnera son nom à la Porte, cet Enfer de Dante où s'est arrêtée la rêverie du liseur avant le choix du statuaire, n'a été que le cadre nécessaire, ou plutôt le thème humain pouvant admettre une représentation tragique et complexe de la nature et de la vie. La *Porte de l'Enfer*, c'est l'assemblage, dans une action mouvementée, des instincts, des fatalités, des désirs, des désespérances, de tout ce qui crie et qui gémit en l'homme. Le poème du gibelin n'a conservé aucune couleur locale, a perdu toute sa signification florentine ; il a été, pour ainsi dire, dénudé, exprimé dans sa signification synthétique, comme un recueil des aspects non changeants de l'humanité de tous les pays et de tous les temps.

« Non terminée, la Porte ne peut encore être complètement décrite. Les épisodes ne seraient pas racontés dans un ordre définitif, puisque les grandioses linéaments ont des solutions de continuité, et que le sculpteur en est à compléter l'arrangement de sa tâche. Le cadre du poème sculpté est seul exécuté et agencé. Toutefois, pour dire les divisions principales, en commençant par les parties qui avoisinent le sol, il faut observer d'abord que les deux bas-reliefs, au-dessus desquels s'étage la composition, présentent à leurs centres d'inoubliables masques par lesquels parle la Douleur, des visages contractés, prêts à pleurer, aux fronts creusés par des soucis à demeure. Autour de ces masques, une course de femmes, de satyres et de centaures, où des grâces fuyantes se mêlent à des virilités animales.

« Sur les deux montants, c'est une ascension de figures resserrées dans l'étroit espace, allongées, fluides, avec des parties sortantes de haut relief. Ce sont les douces amoureuses, les heureuses criminelles des joies illicites, les amants réunis dans la souffrance, et les vieilles momifiées, à peine vivantes d'un dernier souffle de vie, et les enfants inconscients, à peine nés et déjà marqués du mal de vivre, faisant effort pour voir de leurs yeux aveugles dans les limbes où s'agitent leurs ombres chétives. Tout en haut, au-dessus du fronton, trois hommes dressent au sommet de l'œuvre un équivalent animé de l'inscription dantesque : *Lasciate ogni speranza*. Ils s'appuient l'un sur l'autre, se penchent dans des attitudes de désolation, leurs bras tendus et rassemblés vers le même point, leurs doigts indicateurs rapprochés, exprimant le certain et l'irréparable. Au-dessous d'eux, en avant des foules remuantes qui constituent le premier cercle de l'enfer, un Dante, ou plutôt le Poète, nu, n'ayant aucun des signes qui font reconnaître une époque ou une nationalité, médite, mais à la façon d'un homme d'action au repos. Ses membres sont faits pour la marche et pour la lutte, son visage inquiet et vaillant, en proie à la crispation de l'idée fixe, reflète et répercute toutes les pitiés, toutes les indignations, toutes les passions qui excitent le songeur jusqu'à l'enthousiasme, qui l'émeuvent jusqu'à la lamentation.

« La réflexion du rêveur peut être en effet étendue et profonde, car voici, à ses pieds, sous ses regards, le tournoiement vertigineux, la chute dans l'espace et le rampement sur le sol, de toute une pauvre humanité obstinée à vivre et à souffrir, meurtrie, blessée dans sa chair et attristée dans son âme, criant ses douleurs, ricanant dans les pleurs et chantant ses inquiétudes haletantes, ses jouissances maladives, ses douleurs extasiées.

« A travers des pierres de chaos, sur des fonds embrasés, des corps s'enlacent, se quittent, se rejoignent, des mains agrippent comme pour mordre, des femmes courent, les seins gonflés, la croupe impatiente, les désirs équivoques et les passions désolées frissonnent sous les invisibles coups de fouet du rut animal, ou retombent, navrés, pleurant l'attente stérile d'un plus grand plaisir, voulu et introuvable.

« Admirables panneaux ! Dans leurs cadres s'inscriront à jamais les misères charnelles et les sacrifices silencieux des damnés de l'amour, des avides d'ambition, des chercheurs d'idéal, les symboles lamentables et cruels des fatalités physiologiques et des vains vouloirs de l'esprit. »

Cette Porte avait été destinée au musée des Arts décoratifs. Mais la tâche pour la terminer entièrement, jusqu'à l'instant de la livrer au fondeur, était bien au-dessus des forces humaines ; et Rodin, lui-même, ne put la mener jusqu'au bout. Malgré un obstiné courage, son Imagination prit le dessus, et le conduisit à rêver d'un autre travail. Cependant, en un mois à peine, tout, peut-être, eût été en place. Rodin ne put consacrer ce mois-là à sa *Porte ;* et elle reste, et elle restera très vraisemblablement maintenant inachevée.

Figure par figure, nous en avons connu, heureusement, tous les détails existants. Toute une partie de son œuvre vient, séparément, de la grande *Porte* : corps éperdus, entrelacés, douloureux, sensuels, tragiques. Le *Penseur* qui médite présentement devant le Panthéon, c'est la figure « augmentée », qui avait été placée — image du poète considérant son œuvre — au-dessus de la *Porte* ; et, dans la fête inaugurative qui eut lieu au Panthéon, M. Dujardin-Beaumetz eut l'impérieuse occasion de louer Rodin d'avoir honoré Paris d'une telle statue.

Rodin eut, ce jour-là, un mot amusant.

Comme le sous-secrétaire d'Etat avait, naturellement, oublié, dans son discours, de citer le nom du collaborateur, si l'on peut ainsi dire, de Rodin, pour l' « augmentation » du *Penseur,* ce collaborateur s'en était étonné naïvement devant le Maître : « Oui, pas un mot pour moi ! » Alors, Rodin, finement et bienveillamment de lui répondre : « Mais, mon cher X. . . . , prenez-en votre part ! »

Autre réponse de Rodin, une fois qu'un sculpteur, impatient, lui demandait s'il « s'en irait bientôt de la rue de l'Université, parce qu'il voulait, lui aussi, obtenir de l'Etat un atelier. »

Rodin laisse parler son interlocuteur ; et, à la question précise : « Pour combien de temps gardez-vous encore votre atelier ? » Rodin, au sculpteur ahuri, de répondre encore, doucement (ceci se passait il y a quelque temps, seulement) : « Pour combien de temps, mon cher !... Oh ! une vingtaine d'années, peut-être ! »

Et, d'ailleurs, la *Porte de l'Enfer,* toujours debout, doit être conservée dans l'atelier qui la vit s'édifier, se peupler de figures passionnées ; elle doit être laissée, telle quelle, jusqu'au moment où Rodin prendra à son sujet une décision définitive. La terminer ? Oh ! ce serait à souhaiter, pour notre enthousiasme. Mais il est bien difficile, comme je l'ai déjà dit, de croire à cette heureuse fortune. Rodin a beaucoup travaillé depuis — autrement ! Le poème dantesque a été remplacé dans son esprit par bien d'autres poèmes aussi généreux en beauté — et tout différents. Puis quel crédit à obtenir pour fondre toute la *Porte !* Une centaine de mille francs, environ ; et cette somme ferait reculer tous les bureaux des Beaux-Arts !

Les moules sont conservés, c'est le principal, si l'on peut croire vraiment à l'achèvement complet de la *Porte*. Mais voilà, c'est la grande question ; et Rodin lui-même n'y répond pas, d'une manière catégorique. Il laisse vivre notre espoir ; comme il laisse espérer à la Galerie des Offices, à Florence, qu'il y enverra son buste par lui-même ; tâche que jamais un vrai sculpteur n'a entreprise ; et que Rodin, malgré son goût de toute originalité, n'entreprendra pas.

Aussi, elles sont bizarres, quelquefois, les demandes faites par les gens les mieux intentionnés !

LES BOURGEOIS DE CALAIS

CES six fabuleuses figures, Rodin les a modelées nues, grandeur nature, seul, en pleine forme de son génie. Il les a créées dans son atelier du boulevard de Vaugirard ; et elles sont sorties de là pour révolutionner le Monde.

Elles ont une histoire.

Remontons au moment où paraissait, régulièrement, chez un imprimeur de la rue de la Victoire, un journal intitulé : l'*Art*, dont feu le baron de Rothschild assurait les frais, et dont la direction était confiée à un sieur Gaucher.

Ce grand journal — par le format ! — sorte de revue plutôt, était illustré de façon à sauver la pénurie du texte, rédigé par les officiels critiques d'art du moment ; toute cette clique que l'on retrouve toujours, et qui, installée dans de profitables sinécures, en profite pour expédier d'insipides proses et avancer de pénibles rengaines.

Cette revue était en quelque sorte la *Revue des Deux Mondes de l'Art ;* une suite d'appréciations telles sur les plus grands maîtres, qu'on en arrivait à les injurier en bloc ; car on leur en voulait vraiment d'avoir inspiré de si indigentes sottises.

A ce journal, était joint un bureau de commandes, dont feu Gaucher avait encore la gestion. C'était lui qui appelait à sa fantaisie les artistes, les faisait travailler, et qui réglait... avec les libéralités de son maître. Je suppose, du moins, que cet employé, à l'exemple d'un critique d'art qui se respecte, a laissé à ses héritiers une abondante galerie de tableaux honnêtement vendables !

Ce que ce Gaucher convoqua, en tout cas, de faux artistes dans son cabinet, c'est incalculable ; car, naturellement, il mettait toujours la main sur les plus tristes produits de l'Art officiel ; et quand, par hasard, son maître s'en inquiétait, il répondait, comme remonté : « *Monsieur X... a été recommandé par l'Institut !* »

De-ci, de-là, un véritable artiste servait d'alibi, de réhabilitation ; et les mois se suivaient...

Enfin, un jour vint que Gaucher manda Rodin, à lui imposé par M. de Rothschild.

L'entrevue vaut d'être racontée.

Gaucher dit sans préambule à Rodin qu'il a songé à lui commander un *Eustache de Saint-Pierre*, pour la somme de quinze mille francs. Il a pris des renseignements : « Rodin n'est pas riche ; c'est pourquoi, brave homme, il a forcé la somme qu'on donne habituellement aux autres sculpteurs, pour une figure grandeur nature ! »

Rodin accepte.

Il rentre chez lui ; et, consciencieux, avant de chercher une esquisse, il entreprend de lire le récit du dévouement d'Eustache de Saint-Pierre, pour sauver sa ville, assiégée par le roi d'Angleterre.

Il se renseigne, se fait prêter les *Chroniques de Froissart*, et il lit le chapitre intitulé : « *Comment le roi Philippe de France ne put délivrer la ville de Calais, et comment le roi Edouard d'Angleterre la prit !* »

Il arrive à ceci : « Le roi Edouard consent à épargner la population, à la condition qu'il parte de Calais *six* des plus notables bourgeois, nu-tête et les pieds nus, la corde au cou et les clefs de la ville et du château dans leurs mains. Il fera de ceux-là à son bon plaisir ! »

Vous avez bien lu : *six !* il s'agit de *six* bourgeois de Calais et non d'un seul !

Rodin poursuit sa lecture, et il lit encore :

« Quand le plus riche bourgeois de la ville se fut levé et eut consenti à mourir pour ses concitoyens, chacun alla l'adorer de pitié, et plusieurs hommes et femmes se jetaient à ses pieds, pleurant tendrement, et c'était grand'pitié d'être là pour les entendre et regarder. » Puis c'est un second qui s'offre « très honnête bourgeois et de grande fortune, qui avait deux belles demoiselles pour filles », puis un troisième « qui était riche en meubles et en héritages », et ainsi des autres. Tous se déshabillent, ne gardent que leurs chemises et leurs braies, et se mettent en marche, la corde au cou ; ils s'appellent : Eustache de Saint-Pierre, Jean d'Aire, Jacques et Pierre de Wissant... On ne sait pas les noms des deux autres.

Au récit complet de Froissart, Rodin s'enflamme :

ce n'est pas *un* bourgeois de Calais qu'il représentera ; il en fera six ; tous ces héros ensemble ; il est impossible de les séparer. *Six*, pour le prix convenu.

Le sieur Gaucher est averti de la décision formelle prise par Rodin. Les deux hommes se rencontrent de nouveau. Gaucher est ricanant. Ce n'est pas possible! *Six!* Allons donc !... C'est une gageure !... Rodin maintient sa volonté. Il modèlera les *six* bourgeois, pas un de moins ; et il se retire.

Du coup, comme s'il s'agissait d'un travail supplémentairement énorme pour lui, le directeur de *l'Art* s'irrite; et, le lendemain, il raconte partout, à qui veut l'entendre : « Non! mais quel maladroit que ce Rodin ! Je lui commande une statue, et il veut en faire six pour le même prix ! Comment voulez-vous que je le tire de la misère ? »

Ces mots sont scrupuleusement historiques !

Est-il utile de répéter que Rodin eut raison d'être pris par le récit de Froissart ? Il a représenté six *Bourgeois* qui composent le plus incontestable et le plus éloquent de ses chefs-d'œuvre.

Et je tiens à faire relire ici, encore, d'admirables pages que signa M. Gustave Geffroy, auquel il faut toujours revenir depuis la disparition de Hüysmans.

Cette nouvelle belle description, consacrée aux *Bourgeois de Calais*, la voici donc :

« C'est le défilé de ces bourgeois que Rodin a été chargé d'installer sur une place de Calais. On devine immédiatement quelle grandeur peut avoir la procession de ces personnages de bronze, dissemblables d'âges, d'aspects, d'attitudes, de caractères, affirmant à la fois une vision nette de l'humanité et une conception nouvelle de la décoration des places publiques.

« Les six hommes qui se mettent en marche sur la route, le statuaire les a revus par une opération de son esprit, par ses regards remontant le passé et apercevant distinctement le lieu de la scène. Il s'est refusé à construire l'ordinaire groupe en pyramide, où les héros s'étagent, où des comparses s'appliquent en silhouettes contre le piédestal. Il a voulu la lente procession, le groupe espacé, la marche vers la mort, avec les pas de hâte fébrile et les pas qui traînent des hommes fermes et des vieillards, des furieux et des résignés. Les statues passeront là où les condamnés promis au gibet ont passé, là où l'artiste les a vus, s'échelonnant, fixant le but du supplice ou s'attardant à des regrets.

« Eustache de Saint-Pierre, Jean d'Aire, Jacques et Pierre de Wissant, et les deux anonymes qui ont été brutalement expulsés de la gloire conquise, tous ont été replacés dans le cortège d'humilité extérieure et de sacrifice orgueilleux où prirent place ces Christs bourgeois dévoués au salut de tous.

« Le premier, celui qui apparaît en tête du cortège funèbre, c'est le vieillard qui a parlé le premier, c'est Eustache de Saint-Pierre, débile et cassé. Il s'avance à pas lents, la tête oscillante, les épaules rentrées, les bras raides, les mains pendantes et maigres, muscles noués, artères gonflées. Sur ses bras, sur ses mains, les veines font des réseaux engorgés où le sang circule avec lenteur. Les doigts ankylosés sont inaptes à saisir. Les jambes sont chancelantes, les pieds enflés. Toute la carcasse grinçante, difficile à mettre en mouvement, dit la tristesse d'une anatomie de vieux. Les longs cheveux, la barbe maigre, le front bas et crispé, le long visage, parlent de résignation, de sacrifice humblement accepté. La route est dure comme un chemin de croix à ce condamné pensif, vêtu de la chemise grossière, cravaté de la rude corde du gibet.

« Celui-ci, qui vient le dernier, drapé du cou aux pieds dans sa chemise aux longs plis droits, comme dans une robe monacale, les poings fermés sur l'énorme clef, celui-ci n'exprime pas la lassitude et le renoncement. Il porte haut sa tête rase et énergique, il révèle par du défi et du mépris la fureur concentrée et la faculté de résistance qui grondent en lui. La mâchoire vient en avant, la bouche dure est serrée dans une grimace amère. Les jambes écartées et solides font effort pour aller au pas lent de ses amis. C'est un homme d'âge mûr, un quadragénaire robuste, possible porteur de mousquet, un bourgeois capable de bataille. Ses yeux, lumineux dans l'ombre, encavés dans la profonde arcade sourcilière, regardent droit devant eux. Son crâne est solide, sa taille est élevée et droite. Il affirme sa volonté de martyr et l'outrage fait à tous par une colère muette de vaincu, il porte superbement la haine et la douleur rageuse de la ville.

« Parmi les autres, le plus caractéristique est un jeune homme. Sa marche hésite et s'attarde. Il se détourne à demi, se tient comme en équilibre sur son corps infléchi, tourne la tête, incline son visage, entr'ouvre la bouche, clôt les yeux et fait de la main droite, l'index levé, les doigts détendus en éventail, un geste extraordinaire d'une grandeur bizarre, d'un attendrissement profond, un geste qui ne dit pas l'au revoir, mais l'adieu, l'adieu définitif du vivant éphémère, un geste qui exprime de la fatalité et de l'irréparable. La jeunesse condamnée s'avance d'un pas automatique vers la mort, la tête osseuse et la maigreur svelte laissent transparaître l'élégant squelette. Cet homme, dont le corps ploie, dont les jambes s'arrêtent, mais vont se remettre en mouvement, dont le visage se penche vers la terre, dont la main ébauche un geste machinal, c'est l'homme qui traverse la vie, fixé en une statue prodigieuse, qu'il faudrait peut-être simplement appeler le Passant.

« De même que pour la Francesca, de même que pour toutes les figures de la Porte, Rodin a donc ici transfiguré et agrandi son sujet. Son art n'a jamais été plus complet. Il a sculpté, car il faut qu'on sache la conscience apportée à ces travaux, il a sculpté les nus avant de songer à aucun arrangement de draperies, il a mis sous ces voiles des charpentes, des systèmes nerveux, tous les organes de la vie, des êtres de chair et de sang. Il a marqué son œuvre des caractères indispensables à sa destination. Mais, ceci fait, il est allé, comme toujours, vers l'expression durable, vers le symbole, vers la synthèse. Il est resté ouvrier, et il est monté jusqu'à la philosophie. Les personnages qui passent devant nous, les trois en lesquels s'est résumé l'essentiel de la description et les trois autres, sont de toutes les latitudes et de tous les temps. Ils expriment, en de vivantes synthèses, le renoncement, le dédain, la fierté, la douleur de vivre, les sentiments humains arrivés au paroxysme muet, au moment où la parole est moins éloquente que le geste errant des mains et l'expression exaltée de la face. Ils figurent éloquemment la courte existence et le chagrin de l'homme. Ils sont marqués de la tristesse qui est le caractère inéluctable de toutes les grandes œuvres. »

Pour l'installation de ses *Bourgeois de Calais*, Rodin connut les pires aventures, et ces atermoiements qui viennent à bout souvent de la patience la plus résignée.

Ce ne fut qu'après bien des années d'attente qu'on put placer les six bourgeois sur un piédestal. Rodin, d'ailleurs, ne les avait pas « vus » ainsi ; mais « scellés, les uns derrière les autres, devant l'hôtel de ville de Calais, à même les dalles de la place, comme un vivant chapelet de souffrance et de sacrifice. Les personnages auraient ainsi paru se diriger de la Maison municipale vers le camp d'Edouard III ».

On lui imposa un piédestal aussi disgracieux que superflu, donc ! et, quant à la place choisie, elle est telle qu'un changement s'impose, à coup sûr ; maintenant que la renommée de Rodin — c'est la chose importante pour les municipalités, pour toutes les municipalités, — est devenue universelle !

Et ce groupe est, au surplus, d'une originalité si accablante.

Comme M. Gustave Geffroy, je pense, en effet, qu'une des « grandes idées » de Rodin, c'est de n'avoir pas disposé les six *Bourgeois* en un groupe dit décoratif. Quand il s'est agi de placer la *Marseillaise*, en haut relief, sur une des faces de l'Arc de Triomphe — ou bien la *Danse*, en haut relief, également, sur la façade de l'Opéra, le groupement *en pyramide* s'est imposé, impérieusement ; mais, pour les *Bourgeois de Calais*, la vraie trouvaille a bien été de les échelonner, en « chapelet de souffrance », en rendant très visibles, en détachant nettement les six personnages, en les faisant participer *chacun également* au drame tout entier, selon leur âge, plus encore que selon leur condition. Et la belle description de M. Gustave Geffroy a très clairement expliqué tout ce qu'a voulu et parfaitement réalisé Rodin.

Or, malgré cet exact commentaire d'une œuvre souveraine, je dois confesser que les six héroïques bourgeois d'hier furent plutôt mal accueillis par les bourgeois de Calais d'aujourd'hui ! C'est toujours la même sotte histoire qui recommence : un chef-d'œuvre tombe chaque fois sur une ville à la façon d'un aérolithe.

Il frappe d'abord les bourgeois d'hébétude ; puis, la frayeur passée, des ricanements explosent. Alors, les plaisanteries courent ; et, dans les salons de la ville, dans l'autre Salon aussi, au bord des remparts, on se rejette des mots ; le notaire et l'avoué, le président du tribunal et le sous-préfet sont facétieux. C'est un doux moment de gaîté ; on se donne rendez-vous, pour gouailler, au pied du chef-d'œuvre ; on le montre aux visiteurs comme un phénomène ; et, couronnement suprême, on l'insulte en pleine séance du conseil municipal !

A Calais, l'aventure se déroula ainsi pour le chef-d'œuvre de Rodin ; et si l'on a un peu cessé de plaisanter, c'est à cause des Anglais qui s'arrêtent, graves, devant le monument.

Mais que diront-ils, les actuels bourgeois de Calais, quant ils apprendront qu'Eustache de Saint-Pierre et ses cinq compagnons sont placés à Londres, près ou devant le Parlement ?... Oui, cette consécration est attendue, en voie d'être réalisée.

Cette fois, Rodin a demandé pour son groupe tragique un haut piédestal, tel que celui du *Colleone* ; et, à Calais, par esprit d'imitation, on s'appliquera alors, peut-être, à respecter le chef-d'œuvre.

Au fond, de pauvres bonshommes, ces Calaisiens. Car, un jour, une délégation d'entre eux, ayant à offrir un objet d'art à un autre bonhomme de la Politique, ne vint-elle pas carrément chez Rodin pour lui demander... où l'on pourrait acheter ledit objet d'art ?!... Après cela, on peut, n'est-ce pas ? familièrement, tirer l'échelle !...

Voilà une nouvelle page pour l'histoire moderne de Calais !

Oui, de pauvres bonshommes !

LE BALZAC

VOICI la troisième grande œuvre de Rodin dont il convient de parler un peu longuement ; car celle-ci suscita toutes les colères et tous les enthousiasmes.

Un jour — jour historique ! — le comité de la Société des Gens dits de Lettres s'avisa de demander à Rodin la statue de Balzac.

Ceci fut un considérable événement. Personne ne s'attendait à un tel geste.

En général, en effet, tout groupement qui se respecte s'adresse, pour une pareille entreprise, à un sculpteur patenté, je veux dire paré de toutes les sottises des Académies. Ainsi, il n'y a à craindre nul à-coup ; au jour dit, ou presque, le sculpteur « officiel » apporte son « boulot » ; et, comme il est toujours d'une banalité traditionnelle, il plaît à tout le monde. Il n'y a plus ensuite qu'à le jucher sur un socle, dessiné spécialement par un architecte, et à le recouvrir enfin de la lourde pelletée des discours également « officiels ».

Cette fois, à propos de l'auteur de la *Comédie humaine*, que se passa-t-il dans l'âme des chefs des « Gendelettres », nul ne l'a jamais su ? Pourquoi et comment

Rodin fut élu pour dresser une statue à Balzac, c'est là un de ces impénétrables mystères, qu'une génération lègue à la génération suivante, sans pouvoir l'approfondir. Contentons-nous donc d'écrire, à notre tour, que Rodin fut choisi par un comité de gens, nullement préparés à entrevoir seulement les mérites d'un exceptionnel statuaire.

Rodin, donc, fut préféré.

Et alors il se passa ceci :

Auteur de très belles statues déjà consacrées, un peu à tort et à travers à *Claude Lorrain*, à *Bastien-Lepage* et à *Victor Hugo*, Rodin veut se documenter très complètement. Il a lu, comme tout le monde, les principales œuvres de Balzac ; mais il s'applique sans tarder à les relire.

Déjà, quelle conscience désorbitée ! Le fameux comité ne lui en demandait pas tant. Une statue, c'est une besogne de quelques mois ; et c'est tout. Elle est militaire ou civile ; il s'agit d'un homme ou d'une femme ; et quand on possède ces renseignements, il n'y a plus qu'à chercher une esquisse, à la faire approuver, et à appeler un praticien qui montera la terre grandeur d'exécution. Ensuite, quelques coups de pouce, quelques coups d'ébauchoir par-ci par-là ; et la statue n'attendra plus que le mouleur. En vérité, il n'y a pas à chercher midi à quatorze heures !

Rodin n'eut aucun goût à travailler de cette façon. *Il perdit du temps !* d'abord.

Il perdit du temps à réunir tous les documents possibles relatifs à Balzac.

Une fois ses principales œuvres relues, méditées, Rodin voulut connaître tous les portraits exécutés d'après le grand romancier.

Des dessins, un buste de David d'Angers, un daguerréotype curieux (qui représente Balzac en bras de chemise, une bretelle soutenant son pantalon), des croquis de contemporains, toute cette documentation, Rodin s'appliqua à la considérer longuement. Puis, il ne manqua point de lire l'étonnant portrait écrit par Lamartine, et que certainement le Comité des « gendelettres » ignorait : « Balzac, c'était, dit Lamartine, la figure d'un élément, grosse tête, cheveux épars sur son collet et ses joues comme une crinière que le ciseau n'émondait jamais, très obtus, œil de flamme, corps colossal : il était gros, épais, carré par la base et les épaules, beaucoup de l'ampleur de Mirabeau, mais nulle lourdeur ; il y avait tant d'âme qu'elle portait cela légèrement, ce poids semblait lui donner de la force et non lui en retirer. Ses bras courts gesticulaient avec aisance... »

Muni de ces références, dirait un inspecteur des Beaux-Arts, Rodin ne se trouva point, cependant, satisfait.

Restait le pays d'origine de Balzac : la Touraine. Elle était familière à Rodin, déjà. Il avait, en effet, passé plusieurs étés à Azay-le-Rideau, dans ce coin délicieux du « Jardin de la France », où un beau château Renaissance achève de vivre dans la mélancolie d'un parc sauvage. Et là, Rodin, ne connaissant point le repos, avait travaillé encore comme un forcené, y mandant même son mouleur pour pouvoir rapporter à Paris les œuvres qu'il avait modelées.

Pour le *Balzac*, il voulut retourner en Touraine ; et, à Azay-le-Rideau, il fit le buste d'un jeune voiturier, qui ressemblait étonnamment, en vérité, à Balzac jeune. Ce buste en bronze, combien de fois il a, depuis, émerveillé ceux qui ont eu la joie de le voir !

Je reviens sur cette conscience que je qualifiais tout à l'heure de désorbitée ; et je voudrais trouver une épithète plus forte ; car, j'avoue qu'aujourd'hui encore, avec le recul même, elle a de quoi inquiéter les survivants du fameux comité.

Quoi qu'il en fût, Rodin, toujours, *perdait du temps !*

C'était la ville de Tours, qui, maintenant, le retenait. La ville de Tours, dont la grande rue, appelée hier rue *Royale* et baptisée aujourd'hui, naturellement, rue *Nationale*, a gardé encore, à certaines heures, bien des reflets des descriptions balzaciennes. Rodin cherchait à retrouver dans les passants, dans les boutiques, les aspects marqués par le romancier illustre ; car elle l'enthousiasmait, cette statue commandée, cette statue qui correspondait si bien à son génie, désordonné, énorme, fécond, pittoresque, comme l'est de tous points celui de Balzac. Oui, cette fois, en reprenant un mot usé, c'était, pour lui, « la statue à faire », la « statue de sa vie ! » et il la voulait faire après n'avoir rien laissé à l'aventure, après avoir compris complètement comment il *fallait* représenter Balzac.

Travailler autrement, comme un simple marbrier, à quoi bon ! Rodin pensait, peut-être, qu'elle est déjà assez imbécile, au fond, cette manie de dresser des statues à des morts plus ou moins notoires. La Postérité est aussi sotte que le Présent, en ces sortes d'hommages ; et, vraiment, puisque la vanité des vivants est amplement satisfaite par des rubans ou des rosettes, au moins qu'on ne la perpétue pas, *post mortem*, par de grotesques et mensongères attitudes !

Pour *Balzac*, de grands points étaient acquis, en tout cas. « Les poètes, a dit Jean Dolent, ne font jamais d'erreur d'addition ! » Lamartine ne s'était donc pas trompé, quant à Balzac ; et le portrait qu'il en avait laissé s'offrait d'une netteté impérieuse. Il était impossible de s'en écarter.

A Paris, sur le boulevard, dans les cafés de « gendelettres », dans les salles de rédaction, entre deux sottises à élucubrer, on raillait la conscience de Rodin cherchant son « vrai » modèle. Je me souviens de nombre de plaisanteries qui devaient déjà alarmer le comité Balzac. On disait que, revenu *enfin* à Paris, Rodin demandait, à tous venants, des modèles vivants ressemblant à « son grand homme » ; et j'ai connu un ancien libraire pour « amateurs d'art », aujourd'hui fou ou trépassé, qui, touché par ledit racontar, voulait à tout prix, se trouvant une ressemblance avec Balzac, poser pour Rodin. La bêtise courait les rues.

Rodin fit beaucoup d'études pour son *Balzac*. Il en emplit son atelier de la rue de l'Université ; et il exécuta, notamment, en une semaine, une figure demi-grandeur nature du plus sûr effet ; et celle-là eût rallié tous les suffrages; car elle était très belle, — conventionnellement; mais elle ne satisfit point Rodin.

Il ne retrouvait point en elle « la figure d'un élément ».

Rien du beau portrait de Lamartine n'apparaissait. L'œuvre formidable du romancier n'était pas représentée dans cette sage statue ; et, dès lors, à quoi bon ? il n'oserait jamais, lui, Rodin, affirmer que c'était là, la statue de Balzac.

Il reprit alors ses méditations ; et il aboutit au modèle de l'œuvre que vous connaissez.

Il en avait fait faire une « augmentation ». Quand elle revint, moulée, il la regarda, seule, sur le chariot qui l'avait amenée.

C'était sur la fin du jour. L'œuvre se dressait, énorme, chaotique, semblable à un colosse égyptien.

Tous les grands plans en étaient lisibles et forts, souverainement accusés.

Oui, c'était bien là, cette fois, le statue de Balzac ; au moins telle qu'il la concevait, lui, si en dehors, si au-dessus de toutes les pauvres effigies qui déshonorent depuis tant d'années la Rue !

Mais voilà, comprendrait-on ? Comprendrait-on qu'il y avait un homme construit, organiquement, sous cet ample manteau qui rappelait la vaste robe de travail du romancier ? Comprendrait-on enfin le masque si douloureux, les yeux si profonds du grand visionnaire ? Non, sans doute ! Cette œuvre-là était si différente de tout ce que l'on avait l'habitude de voir.

Emouvante confrontation de l'œuvre et de l'artiste. Rodin était seul à regarder sa statue. Il vous avait oubliés, messieurs du Comité. Vous étiez loin, très loin de ses pensées, et la nuit vint ; et elle ensevelit jusqu'à votre souvenir !

La résolution de Rodin était prise. Il exposerait. Il exposa son *Balzac* au Salon.

Alors, ce fut une ruée folle de gens qui jamais n'avaient vu une exposition de tableaux et de statues. La Galerie des machines fit des recettes somptueuses ; feu Dubufe en ricanait de joie.

Le *Balzac* de Rodin attroupait les imbéciles.

Deux partis se formèrent, l'un pour l'insulte, l'autre pour l'admiration. Les « gendelettres », qui *avaient trop attendu* (Rodin n'avait pas livré à temps sa statue) ! coassèrent.

Les nommés Philippe Gille, de Calonne et Jean Rameau conduisirent le chœur des nigauds. M. de Rochefort, incompétent, exprima de solennelles sottises. Presque tout le monde insulta.

M. Léon Riotor nous raconta ainsi la mémorable aventure de cette glorieuse statue :

« Admirée, bafouée, dit-il, refusée par ses propriétaires, soldée par souscription, acquise par un amateur, finalement conservée par son auteur qui repoussa ses offres généreuses, quoiqu'il fût pauvre, on se battit autour d'elle mieux qu'autour d'un drapeau. On la traita de « bloc informe », des amis de Rodin avouèrent que c'était « une grave erreur », on nous conta comment le Président de la République, qui, lors de sa visite au vernissage officiel, jetait un mot aimable à chaque œuvre, n'avait pas daigné honorer d'un coup d'œil ce triste grand écrivain, etc... Chacun discute ou apprécie. Des gens de bon sens n'hésitent pas à donner leur avis. M. Harpignies dit :

« Je ne critique pas, je ne comprends pas ». Le poète Léon Dierx est plus dur encore : « C'est une fumisterie sans « nom, voilà dix ans, du reste, qu'elle dure ». Et M. Alphonse Humbert ajoute : « D'un homme qui avait certainement « du talent, on a fait cela. » Mais « regardez-le un instant « ce bloc enfariné des plaisantins, faites-en le tour, détail- « lez-en les silhouettes et vous y trouverez un balance- « ment d'homme gros, une harmonie de charpente épaisse « de la plus parfaite vérité, car Balzac fut un gros homme « aux membres lourds.

« Le rôle de la Société des Gens de Lettres semblait devoir rester des plus effacés. Le Comité en avait jugé autrement. Il était, des conventions acquises, dans l'obligation d'accepter le projet, mais on ne déchire pas en vain l'amour-propre d'un artiste avec qui les procès sont peu à craindre. Un membre de la Commission « mit « au défi le Conseil municipal d'accorder un emplacement « à Paris pour ériger cette monstruosité ». Puis le Comité vota et informa M. Rodin que, par 11 voix contre 4, on ne « reconnaissait pas Balzac » dans sa maquette. Après cette appréciation, Auguste Rodin, tranquille, écrivit aux journaux : « Soucieux avant tout de la sauvegarde « de ma dignité d'artiste, je vous prie de déclarer que je « retire du Champ de Mars mon monument qui ne sera « érigé nulle part. »

« Les édiles parisiens eussent-ils été aussi féroces qu'on l'insinuait ? M. Levraud président de la Commission des Beaux-Arts, qui donnait souvent le ton à l'Hôtel de Ville pour les questions esthétiques, avoua : « Je suis « certain qu'un artiste comme Rodin a pensé à une grande

« chose... Ceux qui reculent effrayés devant l'ébauche « seront peut-être les premiers à s'arrêter, émerveillés, « devant l'œuvre achevée ». Il y eut des avis contraires, assez hésitants. MM. Bellan et Rebeillard « réservèrent » leur opinion. « Quelle que soit l'admiration que j'aie pour « le grand talent de M. Rodin, j'estime que cette fois « l'artiste s'est absolument trompé », dit M. Lampué. M. Grébauval renchérit en affirmant « qu'il serait ridicule « de faire bon accueil à ce bloc » et M. Labusquière, énergique, conclut que « si la statue avait besoin d'un refuge, « c'était contre et non pour elle ».

« Quoi qu'il en soit, Rodin eut un réveil admirable. Toute la jeune littérature se leva pour affirmer sa sympathie au vaincu de cette nouvelle escarmouche. Il s'y mêla nombre de peintres et de statuaires. Et la protestation qui circula revint couverte de signatures : « Les « amis et admirateurs de Rodin... encouragent de toute « leur sympathie l'artiste à mener à bonne fin son œuvre « sans s'arrêter aux circonstances actuelles et expriment « l'espoir que, dans un pays noble et raffiné comme la « France, il ne cessera d'être, de la part du public, l'objet « des égards et du respect auxquels lui donnent droit sa « haute probité et son admirable carrière. »

Rodenbach (dans le *Figaro*), Octave Mirbeau (dans le *Journal*), Robert de la Sizeranne (dans la *Revue des Deux Mondes*), Maurice Hamel (dans la *Revue de Paris*), appuyèrent de leur autorité la protestation ci-dessus ; et la Société des « Gendelettres » eut, plus tard, la statue de Balzac, qu'elle méritait ; un Balzac, qui vient de prendre sa douche, et qui attend, assis sur un banc de l'avenue de Friedland, le masseur !

Alors les sieurs Lampué, ex-photographe ; Grébauval, innocente compétence ; et Labusquière, aujourd'hui directeur d'Ecole, délirèrent de joie, faisant vis-à-vis au sieur Jean Rameau, qui a profession de poète ; tandis que l'on entendait pour la dernière fois les ombres Harpignies, Léon Dierx et Alphonse Humbert exhaler une cantate d'allégresse !

Pauvre Balzac, réservé en fin de compte à Falguière !

A ce propos, on s'étonna un moment de voir ce dernier fabriquer une statue refusée à Rodin, qui était son ami. Puis on s'étonna encore plus de voir Rodin conserver, après l'inauguration de l'avenue de Friedland, des relations d'amitié avec Falguière.

Eh ! mon Dieu ! la raison en était bien simple : la statue en question est si médiocre, que Rodin ne pouvait être de tout cela que satisfait !

Mais le photographe Lampué et les incompétents Grébauval et Labusquière, on m'assure qu'ils sont « désarçonnés », maintenant. Ils pleurent leurs illusions perdues ! On ne les écoute plus !

PAGES D'ALBUM

En plaçant sous ce titre les admirables dessins et les merveilleuses pointes sèches de Rodin, je prie que l'on ne me taxe point d'irrespect. J'ai voulu simplement considérer, tel un délassement à un énorme labeur, ces croquis si vivants que Rodin a accumulés, comme si la sculpture lui avait laissé de nombreux loisirs.

Quel étonnement toujours ! Il y a là une autre œuvre absolument incomparable, et d'une diversité si infinie qu'on ne peut la comprendre d'un seul coup.

Jean Dolent, qui ne doutait jamais de rien, affirmait : « Je sais de Rodin qu'il fait de la sculpture depuis l'âge de trois ans, et je crois bien que cet artiste dessine depuis l'âge de trois ans aussi — trois ans ou quatre. »

Tout de même, il y a là, je le répète, une nouvelle production si abondante, qu'il n'est pas possible de l'expliquer par cette seule boutade de Jean Dolent.

On a bientôt fait aussi de dire que les dessins de Rodin se bornent à n'être que des croquis, que lave une teinte plate. Cela n'a plus que l'importance d'une sottise. La vérité, c'est que Rodin a dessiné, on l'a vu, dès sa première jeunesse ; et qu'il n'a plus jamais cessé d'écrire des formes, presque au jour le jour, sur les pages du glorieux album de sa vie.

Et cela, oui, remonte très loin. Très loin, au temps où il arrivait toujours le premier à l'atelier des Gobelins, dès que la journée du gagne-pain était terminée. De cinq heures à huit heures, il devenait alors l'élève le plus fort de la petite école de Lecoq de Boisbaudran ; et il s'appliquait, comme un élève de l'Ecole Nationale des Beaux-Arts, à faire des « académies », qu'on récompensa souvent. Oh ! sans doute, ces dessins-là furent exécutés selon la tradition la plus stricte, avec ce mélange de crayon et de « sauce », qui étonne si fort les visiteurs aux jours d'exposition des envois de Rome, au quai Malaquais ; et il eût été bien pardonnable de ne pas deviner le Maître d'aujourd'hui dans l'élève d'hier. La façon de représenter ces académies est tellement traditionnelle et puérile qu'elle apparaît surtout comme un ensemble de devoirs bien faits, et qui ne peuvent laisser place à une précoce originalité. Les maîtres d'ateliers — et Lecoq de Boisbaudran le premier — ne concevaient pas qu'il y eût une manière en dehors de la tradition d'étaler le noir, pris avec le bout de l'estompe ou du tortillon.

Rodin se lassa vite, cependant, de cette « cuisine » d'atelier, qui exigeait des soins ridicules, de la patience et de la propreté. Puis, nul moyen de véritable expression possible, nulle émotion à communiquer, puisqu'il fallait toujours modeler les bras, les jambes, le ventre comme des sortes de cylindres soigneusement dégradés du noir au blanc. Ah ! ces sots dessins, qui se paraient d'un fond uniformément noir, pour bien détacher l'ensemble, dire qu'on les a même imposés aux architectes pour leurs dessins de chapiteaux et de modillons !

Rodin, un jour, employa tout bonnement le fusain. Il avait besoin d'un procédé rapide pour dessiner plus vite que quiconque; et déjà, dans ses dessins de cette époque-là, on le voit très préoccupé des plans, ne s'appliquant plus à faire également tous les détails du modèle.

Puis ce fut une longue période pendant laquelle il exécuta à la plume des dessins qu'il lavait d'encre de Chine. Ce fut, si l'on peut ainsi dire, la période dantesque. Avec une fougue singulière, il accumula toutes sortes de croquis, très inspirés des beaux dessins de la Renaissance, de ces dessins qui sont comme des enseignements lucides et violents pour l'étude de l'ostéologie et de la myologie.

Il représenta d'une manière inépuisable, dis-je, ces longs corps un peu douloureux, et comme déséquilibrés, qui abondent dans l'œuvre des précurseurs de Michel-Ange ; et si ces dessins-là ne témoignent pas, certes, d'une originalité entière, ils sont curieux à considérer, créés par une imagination qui s'exaltait à la lecture de la *Divine Comédie.*

Les contours, le lavis, rappellent des dessins déjà vus ; mais la façon de grouper ces hommes, ces femmes, tirés des pages de Dante, ce qu'elle était déjà particulière !

Puis, une chose s'affirmait de plus en plus ; une chose,

d'ailleurs, que Rodin avait apprise dans l'école de la rue de l'École-de-Médecine, où l'on gardait alors la belle tradition du XVIIIe siècle, la tradition des Watteau et des La Tour, à savoir : qu'il fallait qu'un dessin eût de la profondeur — ce souci presque complètement perdu depuis David. « Or, quand on oublie ce souci-là, disait, un jour, un maître, on se donne un mal infini pour n'arriver à rien ! C'est comme si on faisait les cent pas devant une porte qui ne s'ouvrirait point ! »

C'est en 1897 qu'un album publié chez Goupil, par les soins de M. Fenaille, et contenant près de cent cinquante dessins, vulgarisa une nouvelle manière.

On le retrouve là, éloquent, ce dessin comme simplifié, tout en profondeur, malgré l'absence d'un procédé de peintre. Ces dessins, cette fois, sont d'une originalité enfin conquise, absolue. Ce sont les dessins d'un sculpteur épris de plans, de volumes.

Oh ! je sais bien que les peintres ont le plus absolu mépris pour les dessins des sculpteurs. Ils affectent de croire que ces derniers sont tout à fait incapables de représenter de façon satisfaisante sur le papier un corps en équilibre ou un instant de mouvement. A les écouter, ces peintres, les sculpteurs auraient le seul pouvoir d'exécuter un simple rudiment de lignes, une très incomplète indication de formes. Et ils disent cela, ces gens, en ignorant les carnets et les albums que crayonnèrent, par exemple, avant Rodin, Carpeaux et Barye ; car je pense que leur émoi serait vif si on leur mettait sous les yeux ces croquis de vie intensive, esquissés pêle-mêle dans le « désordre » de l'inspiration ; torses ployés, corps se chevauchant, toutes les séries, enfin, de ces prestes croquis, exacts et savants et complets, qui disent bien le libre exercice ou la fatigue du corps humain.

Les sculpteurs peuvent dessiner aussi bien que les peintres ; mais, d'une autre manière, voilà tout. La différence, entre eux, c'est que le sculpteur dessine encore « en tournant autour de son dessin ». Un bon dessin de sculpteur, c'est donc un dessin qui « tourne », un dessin que l'on peut se représenter tout de suite au verso ; un dessin de mouvement, si l'on peut dire ; car le repos même est, on le sait, un équilibre de forces en mouvement. Or, les dessins de Rodin sont toujours d'admirables représentations de mouvements.

Je les ai considérés, par centaines, ces dessins figurés par une ligne tout enveloppante, faite de repentirs, et lavés, souvent, d'une teinte quasi uniforme de terre de Sienne. Sur ces feuilles volantes, de papier fin, il y a comme un parcours libre de la pointe du crayon, pour les contours ; et la teinte plate, avec les hasards de la coulée du pinceau, comme elle situe l'être humain, debout, couché ou ployé en arc !

Naturellement, des racontars encore font, à propos de ces dessins si originaux, le tour des ateliers et des galeries de marchands de tableaux.

On raconte plaisamment, par exemple, sur le coup de six heures — l'heure de l'apéritif permet toutes les niaiseries ! — que Rodin fait tous ses dessins sans regarder son papier ; alors la pointe du crayon tombe souvent en dehors, ampute un membre, en grossit, en zigzague démesurément un autre !

Tous ses dessins ! Mais il faut n'avoir jamais vu les centaines et les centaines de dessins à la mine de plomb qu'il a « poussés » aussi loin et mieux que quiconque. Toute une vaste chambre de l'hôtel Biron est peuplée de ces dessins-là, faits avec une conscience, avec un amour extrême, et j'en sais une bonne centaine autrement plus modelés et plus vivants que tous les dessins d'Ingres et de sa suite !

Pour ses dessins en couleurs, on a raconté également qu'il les trempait dans un seau d'eau après avoir passé la teinte ; puis, il les retirait, et... le hasard arrangeait tout !

Alors le hasard arrange joliment les choses ; car, dans l'énorme série de ses dessins en couleurs, Rodin peut mettre encore hors de pair des centaines de magnifiques aquarelles, modelées avec une puissance et un charme incomparables.

Il faut n'avoir pas vu non plus la série de ses danseuses cambodgiennes, pour imaginer une telle histoire. Toutes ses petites danseuses si choyées par la couleur, si précieuses par le choix des tons, si vivantes par la qualité des valeurs !

Je sais bien que l'imbécillité généreusement dispensée par quelque providence funeste aux « amateurs d'art » ne leur permet pas de « comprendre » les dessins de Rodin. Je sais bien que l'actuel chantage organisé par quelques marchands de tableaux donne l'essor à toutes les sottises à propos de toiles à faire valoir, à pousser comme une action de Bourse ; mais, néanmoins, avant d'exprimer contre les dessins de Rodin les habituelles âneries, il serait bon, ne vous semble-t-il pas, de réfléchir durant une minute, et de se dire simplement que Rodin qui a dessiné durant soixante années, pas une de moins, doit être meilleur juge de son savoir, tout de même, que la cohue des ignorants qui pérore dans les ateliers et autres galeries !

Mais, il est vrai, les plus zélés de ses admirateurs, aussi, disent des sottises !

Témoin ce critique d'art, bien intentionné, qui avança un jour que Rodin se servait, pour dessiner, « d'un bout de papier quelconque et d'un tronçon de crayon, trouvé sous sa main ». Désordre et génie, n'est-ce pas ?

Alors que c'est presque toujours le contraire qui arrive ! Les poètes Baudelaire, Victor Hugo, le peintre Eugène Delacroix, furent très méthodiques et très « ordonnés », et Rodin, lui, est un autre exemple d'ordre absolu. Aussi, pour ne pas désobliger le bon critique d'art, je ne veux pas écrire que Rodin dessine sur des feuilles de papier parfaitement propres, et avec des crayons toujours presque entiers et très bien taillés.

Rodin, du reste, est le premier artisan de son impopularité comme dessinateur. Car enfin, pourquoi ne montre-t-il jamais ses plus beaux dessins ? pourquoi laisse-t-il, avec une entière indifférence, les regards des visiteurs s'ahurir sur des schémas de dessins, sur de sommaires indications de formes ? Eprouve-t-il un plaisir intérieur à faire dire des sottises, alors qu'on essaye de comprendre ? Pourtant, il a l'air, à d'autres moments, de noter avec intérêt les titres pour ses dessins qu'on lui suggère. Mais je crois bien qu'il tient alors à laisser croire qu'on collabore pour une minute avec lui ; qu'on est, en somme, et en s'illusionnant fortement, tout près de son génie !

En vérité, ce sont ses modèles seuls qui sont près de lui. Quand il les dessine, il leur est reconnaissant de toutes les joies qu'il en éprouve. Il leur dit : « Ne vous pressez pas de vous déshabiller ! » et il considère ces jeunes filles, ou ces jeunes femmes, sensuellement, avec une vraie gourmandise.

Ses modèles ! oui, ce sont, à vrai dire, les seuls êtres qui vivent un moment dans sa pensée ; et quand il a fait, d'après un de ces modèles, une série de beaux dessins, il lui en garde une telle gratitude — et je dirai presque une telle ferveur ! — qu'il le rappelle souvent auprès de lui.

Mais il est très certainement exigeant pour ses modèles ; et il ne recherche que les jeunes corps très souples, qui peuvent prendre au besoin des poses acrobatiques.

Et ce sont surtout ces poses-là qu'il affectionne. Aussi, l'on n'a pas manqué de s'étonner souvent de voir représentés par lui des mouvements, je l'avoue, très déconcertants. On est si habitué aux poses figées, froides, académiques, pour tout dire. Par haine de ces dessins-là, Rodin côtoie forcément la bizarrerie ou du moins l'étrangeté ; et, dans ce domaine-là, son imagination est sans limite.

Cependant, il a fait également par centaines des dessins très « pondérés » ; et ces dessins à la mine de plomb, ombrés avec une science exacte de la profondeur, on peut, comme je le disais tout à l'heure, les opposer aux plus beaux dessins de peintres, ils leur sont encore supérieurs ; mais, quand je dis : dessins pondérés, ne vous attendez pas à voir des « figures qui hanchent » selon le mode classique. Ce sont encore des dessins de mouvements inédits, que Rodin lui-même n'a pu réaliser qu'après une patiente et longue étude de la nature.

Et, j'y reviens, quelle diversité infinie ! Pas un de ces dessins, de tous ces dessins, n'est semblable à un autre. Quand on les regarde en nombre, on est surpris de tomber chaque fois sur une expression de mouvement que l'on ne soupçonnait pas.

Rodin dessine avec une rapidité inégalable. Ce n'est pas lui que la pose la plus difficile prend en défaut. Quand il consacre toute une matinée à dessiner, les dessins s'ajoutent aux dessins ; et c'est là, bon critique que je nommais tout à l'heure, qu'il utilise tout un jeu de crayons soigneusement préparés à l'avance, ceci pour ne pas arrêter sa fougue. Même jeu de papier écolier, dont les feuilles, vite recouvertes d'un beau dessin, s'envolent sans perte de temps.

Ses aquarelles, je veux dire ses « dessins aquarellés », il les exécute avec la même verve ; et cela explique que des coulées de couleur débordent des contours, sans nuire jamais pourtant à la mise en place parfaite des plans.

Et quel peintre, par surcroît ! Quelle science des valeurs et quel goût de la couleur !... Il a aquarellé des torses de femmes et des draperies avec toute la finesse délicate si prodiguée dans quelques beaux tableaux de Renoir. Des roses, des bleus, des verts, des jaunes, associés comme par un vrai symphoniste de la couleur. Je sais tels nus qui sont de purs chefs-d'œuvre. Ceux-là exécutés sur de grandes feuilles d'un papier plus résistant, et qui porte allègrement la couleur, charriée avec toute la passion d'un grand maître peintre.

Quelquefois, on a traité, je le sais, ces dessins de « dessins littéraires », à cause des titres, le plus souvent mythologiques, que Rodin affectionne. Quelle sottise ! Mais les meilleurs artistes de la Renaissance n'ont jamais fait autrement, que je sache ! et ces titres-là, ils sont bien imposés par toute une forte éducation que Rodin s'est faite, dans son obstinée volonté de connaître ce que j'appellerai les grands faits-divers de la Littérature ; et s'il a interprété, lui aussi, ces faits-divers, c'est avec une originalité si nouvelle, si unique, que les titres ne sont là que comme des points de repère dans son œuvre, ou ainsi que des numéros pour catalogues d'exposition, soit qu'il présente des dessins à Paris, à Lyon, ou à Tokio, qui va le fêter au cours même de cette année.

Certes, on a cherché toutes les querelles à Rodin. C'est un merveilleux statuaire ; mais c'est aussi un merveilleux dessinateur. Cette seconde gloire hystérise à la fois et la tourbe des sculpteurs et la tourbe des peintres !

Car peintres et sculpteurs ne lui pardonnent pas de savoir dessiner.

Les peintres, parce que leur dessin est le plus souvent lâche, inexpressif, vide de sens. Les sculpteurs, eux, c'est plus simple, parce que le plus grand nombre ne savent pas dessiner. Si l'on excepte en ce moment les admirables dessins de Carabin, cherchez des dessins de sculpteurs, vous n'en trouverez point. Quand, par hasard, on oblige un sculpteur à dessiner l'une de ses œuvres, c'est presque toujours un dessin enfantin, médiocre, même tout à fait risible.

Aussi peintres et sculpteurs n'aiment pas les dessins de Rodin.

Ils n'aiment pas mieux, du reste, ses étonnantes pointes sèches.

C'est au cours d'un voyage en Angleterre, et après quelques visites à son ami l'excellent peintre-graveur Alphonse Legros, que Rodin eut le goût de la pointe sèche — et qu'il devint, sans tarder, le plus fort de tous les graveurs.

Mais les outils ordinaires l'avaient tout de suite gêné ; il les avait jugés durs et incommodes, sans aucune flexibilité possible.

Que fit-il ? Ce fut bien simple. Il emmancha une aiguille dans une sorte de porte-plume roseau ; et, avec cet outil nouveau, il « fouetta » la planche de cuivre, en tous sens, modelant aussi aisément qu'avec un crayon effilé.

Et, tout de suite, il grava, originalement, et avec quelle science innée ! les *Amours conduisant le monde*, le *Printemps*, le *buste de Bellone*, des *études de figures*, les portraits d'*Henry Becque*, de *Victor Hugo*, d'*Antonin Proust*, *La ronde*, etc., etc.

Quel émoi parmi les graveurs professionnels ! Du coup Rodin les dépassait tous, comme il avait, déjà, dépassé tous les sculpteurs. Il était encore impossible de nier une telle force ; et il convient de citer cette réflexion d'un excellent peintre-graveur original : « Rodin, il a exposé une gravure chez nous; elle nous met tous en déroute ! »

Eh bien, ce passe-temps pour Rodin, ce simple délassement qui eût consacré la gloire d'un graveur professionnel, ne fut qu'une envie d'un moment. Rodin revint bientôt à sa sculpture.

Les graveurs originaux alors respirèrent ; ils avaient senti passer au-dessus de leurs têtes l'effroi de leur anéantissement collectif.

DE QUELQUES PLAISANTINS

NOUS allons voir maintenant les bureaux — *artistiques* de l'Etat et de la Ville de Paris dans leurs rapports avec Rodin.

Aucune histoire n'est plus amèrement ridicule et déshonorante pour les gens qui prétendent, ici et là, diriger et encourager ce qu'ils appellent : Les *Beaux-Arts !*

Pour l'État, les bureaux siègent, on le sait, rue de Valois. Un sous-secrétaire d'Etat aux Beaux-Arts en a la direction. Sous ses ordres, toute une horde d'inspecteurs et de chefs de division et de chefs de bureau opèrent. Ce sont des gens qui sont entrés ici justement parce qu'ils n'entendent absolument rien aux questions d'Art!

Voyons dans quelles conditions ils travaillent.

Examinons le cas, pour commencer, d'un autre sculpteur que Rodin.

L'Etat — *artistique* commanda, un jour, à un sculpteur que je connais, une figure décorative à exécuter en marbre. J'entends qu'il accepta un projet de ce sculpteur. Les commandes de l'Etat ne portent jamais que sur des choses vues, des choses qu'on lui a fait toucher du doigt; car il est bien incapable de concevoir lui-même — à cause de tous les inspecteurs et tous les chefs de division visés plus haut — la plus petite chose qui soit.

Un prix de trois mille francs fut convenu entre l'Etat et le sculpteur en question, qui devait fournir un modèle grandeur d'exécution, *afin que l'on pût se rendre compte !*

Le sculpteur se dit candidement que ce modèle *grandeur d'exécution*, ce devait être une des multiples chinoiseries administratives, dont les bureaux de l'Etat — *artistique* partagent le monopole avec les autres bureaux. Tout le monde sait ou devrait savoir que lorsqu'on a seulement un modèle en esquisse très poussée, on s'attaque ensuite avec bien plus de fraîcheur et d'entrain au marbre pour l'exécution grandeur nature. C'était ainsi que les grands sculpteurs de la Renaissance avaient toujours procédé ; et, de cette manière, l'on n'use pas ses forces sur un modèle que l'on aurait ensuite si peu de goût à recopier.

De son propre jugement, le sculpteur s'en tint donc, comme modèle à présenter, à une excellente esquisse, demi-grandeur d'exécution ; et un inspecteur des Beaux-Arts (un fonctionnaire inutile s'il en fût jamais!) vint. Il regarda, puis il s'en fut.

Le sculpteur attendit de longs mois ; puis on le manda rue de Valois. Là, un solennel chef de division l'informa sans rire que, puisqu'il n'avait présenté qu'un modèle demi-grandeur, il n'avait droit qu'à la moitié des trois mille francs convenus, soit quinze cents francs!

Le sculpteur donna des explications ; elles furent

rejetées ; ou plutôt, on lui répondit nettement ceci : « Mais, Monsieur, pourquoi ne procédez-vous pas comme vos camarades ? Ils font un modèle de la grandeur convenue ; et, ensuite, ils le confient à un praticien. Nous nous moquons, nous, que le marbre soit sculpté par un mercenaire quelconque ; celui-ci copie plus ou moins mal l'œuvre qu'on lui livre, mais qu'importe ! *En sculpture, nous ne nous y connaissons pas !* nous sommes ici seulement pour fixer des tailles de modèles ! nous sommes des sortes d'entrepreneurs de confections artistiques, comprenez-vous ? »

Oui, le tout n'est que de s'entendre ! « mais, m'ajouta ce sculpteur, comment les bureaux font-ils quand ils commandent une statue à Rodin, et que celui-ci ne livre qu'un de ses admirables fragments, privé de tête, de bras ou de jambes ? Est-ce que le prix convenu est diminué en conséquence ? »

Je n'ai pas répondu. C'est là un des mystères troublants des bureaux — *artistiques*.

Et puis, je crois qu'il n'est jamais venu à l'idée d'un de ces charmants fonctionnaires aux Beaux-Arts, de commander un *tel* fragment ! Toutes les folies sont permises, pas celle-là !

Ces bureaux ! Je devrais, du reste, les appeler plutôt des bureaux *politico-artistiques ;* car, on pense bien que la Politique sévit dans ces petites cavernes où se centralise toute la production officielle des Salons. Oui, si vous voyez, une fois par an — une fois de trop ! — dans le hall du Grand Palais, tant de mornes *Ganymèdes*, tant de plaintives *Hébés*, tant de désespérés *Procustes*, et tant de

Femmes-sources, c'est aux bureaux — *artistiques* que l'on doit ce désolant amas de « navets ». Chaque député a son sculpteur local accroché après lui, comme le vautour après le foie du fils du Titan Japet ; et, nous tous, ensuite, nous contribuons (c'est le mot !) à des exécutions en marbre, dont « le besoin ne se fait vraiment pas sentir ! »

« Mais qu'importe, dit le fonctionnaire aux Beaux-Arts, nous sommes des entrepreneurs de confections, et nous faisons confectionner ! »

Qu'importe ? Non. Dommage, au contraire, qu'il y ait là tant de sottises accumulées ; et que l'on ne fasse pas à Rodin (voilà où je voulais en venir !) la part plus belle qu'à un autre, qu'à tous les autres, puisque nous avons la gloire de posséder un tel statuaire !

L'Etat lui a acheté quelques-unes de ses œuvres, soit ! Mais pourquoi s'en est-il tenu à de timides commandes, toujours, comme s'il redoutait de mécontenter la foule des sculptiers ! pourquoi, si l'on veut absolument encombrer les places publiques et les jardins de pesantes masses de pierre ou de bronze, ne s'est-on pas réservé, avant tous les autres, le concours de Rodin ? Allons ! avec la meilleure volonté du monde, on ne peut pourtant pas défendre les basses œuvres des Coutant, des Puech et autres fabricants de l'Institut. Ils travaillent, ceux-là, pour une sorte de magasin de pseudo-statues ; ils sont des marbriers de la brocante ; ils obtiennent commandes sur commandes, et cependant on n'ignore point qu'ils mobilisent leurs praticiens dans les prisons et dans les asiles !

Reste la Ville de Paris ! La Ville Lumière ! le Flambeau de l'Europe ! le bateau qui ne sombre pas ! Eh bien ! cette ville unique, représentée par ses conseillers municipaux et par ses fonctionnaires, a été, à l'égard de Rodin, tout aussi indigne que l'État !

Je veux bien admettre, que, par définition, un conseiller municipal parisien n'est pas forcément un connaisseur. Je veux bien entendre qu'on peut être très renseigné sur les questions de voirie ou d'assistance publique et être parfaitement nul dès qu'il s'agit d'une question d'art. Il n'y a même, comme dit l'autre, « aucun mal à cela ! » Un conseiller compétent en « grands travaux », c'est assurément un homme très utile — et pour lui, d'abord ! affirme Gohier — et pour nous, ensuite ! Mais il y a une quatrième Commission, dite des Beaux-Arts (encore !) à l'Hôtel de Ville ; et c'est à cette quatrième commission, seulement, que je voudrais m'en prendre. Toutefois, je ne vise que celle qui siégeait autour de l'an 1900, l'année de toutes les sottises. Car, tout ce que je vais dire ci-après est bien changé, heureusement, aujourd'hui, dans le Palais municipal.

Comment étaient donc alors formées les Commissions municipales ?

Je veux bien croire que l'on cherchait, autant que possible, à réunir, dans chacune, les compétences les plus appropriées et les plus certaines. Mais, si l'on admettait que toutes les autres Commissions étaient parfaites quant au recrutement de leurs membres, on était bien forcé d'avancer que la quatrième Commission était — autrefois, je le répète ! — tout à fait inapte à examiner la plus menue question concernant l'Art.

Au temps où Dalou conduisit cette quatrième Commission, les bévues furent pourtant moins nombreuses. Ce grand artiste pérorait tant qu'il arrivait enfin à enfoncer, comme à coups de pioche, des idées dans quelques crânes un peu moins récalcitrants que les autres. J'ai dit, en un autre chapitre, qu'il avait imposé ainsi Puvis de Chavannes à tout l'Hôtel de Ville. Mais que l'on ne croie pas que ce fut une lutte aisée ; il y eut, au contraire, à l'infini, des motions, des ordres du jour et des attaques de la dernière heure, dignes d'une représentation de Botocudos.

Toutefois, la *quatrième* enfin céda ; mais elle en profita pour donner en même temps asile aux plus dénués artisans, qu'elle sut choisir avec un goût naturel vraiment affligeant.

Rodin, lui, pendant ce temps, restait à l'écart. Sa renommée, très éclatante déjà, ne réussissait pas à préoccuper les conseillers municipaux. Certes, on lui avait bien demandé — une recommandation était intervenue ! ! — une statue, une seule, celle de d'Alembert, — et allez la chercher au diable ! — pour une niche de la façade de l'Hôtel de Ville ; mais on s'en était tenu là : Rodin avait été simplement un des mille sculpteurs employés à orner la médiocre bâtisse de Ballu et de de Perthes.

C'est que les bureaux — *artistiques*, aussi, sévissaient à l'Hôtel de Ville. Alphand, mort sans gloire, on l'avait remplacé par l'architecte Bouvard (*sic*), son ancien disciple ; et c'était une situation pire. Parler de cette direction-là, y compris celle d'un sieur de Pontich, c'est évoquer les plus tristes heures de la vie de Paris ; le pacifique préfet Poubelle avait longtemps laissé faire, ayant au cœur uniquement l'amour de ses vignes ; Justin de Selves avait continué ; et Bouvard, autoritaire, avait groupé autour de lui les gens médiocres, les pseudo-artistes, le déchet des Ecoles et de l'Institut.

Rodin, alors, put voir se développer son génie dans le lazaret où le cantonnaient, avec les ricanements de la fameuse *quatrième*, les haines de Bouvard et de son co-associé Maillard, ancien zouave et depuis Directeur d'une Compagnie laitière (*sic*) !

Quels chefs de bureau, quels architectes, quels conférenciers et quels critiques composaient dans ce temps-là cette *quatrième*, je n'ai pas cherché à le savoir ; c'est, aussi bien, de nul intérêt ! Je veux seulement avancer ici que son Président devint le tenace ennemi de Rodin, parce que celui-ci eut le tort de préférer son travail aux invitations de cet élu — à coup sûr du Ciel ! — car il avait amassé une « galerie » de tableaux absolument stupéfiante ; et que l'on devait admirer, sous peine de recevoir, en grêle, ses foudres.

C'est dans ces enviables conditions que Rodin réussit néanmoins à installer son hall, empli de chefs-d'œuvre, à la Place de l'Alma, pendant la dernière Exposition universelle. Après quelles luttes, après quels tiraillements ! Ce serait une histoire douloureusement comique à raconter. Qu'il suffise de dire ici que tous les membres du Conseil municipal et des bureaux, des fameux bureaux à Bouvard, posèrent mille pièges, s'unirent pour tendre devant Rodin les plus écœurantes des embûches.

Lâchetés vaines ! Rodin eut son hall ; mais, à l'inauguration, un ministre, seul, sans le troupeau protocolaire, se présenta. C'était le ministre Georges Leygues, qui, depuis, faisant oublier ce beau geste, pour un nombre respectable de millions, il est vrai, gava d'honneurs Chauchard-Plutus.

Que de luttes, oui ! Je mentionne seulement que, pour ce musée Rodin, il avait fallu mettre encore en déroute le long et maladroit Picard, ce commissaire général de l'Exposition qui en compromit, comme on le sait, tout le succès ; et qui, depuis ministre de la Marine, se vantait, attaqué à la tribune, de « n'avoir pas, sur la conscience, autant de victimes qu'il en avait eues pendant la durée de l'Exposition » !

On sait que Paris ne visita point le musée Rodin. Aussi les plaisantins de la presse l'avaient tout de suite baptisé : le *désert Rodin*. Mais si Paris boudait, ne comprenant pas, les étrangers s'attardaient dans ce musée illustre. Et toutes les commandes dont Rodin est actuellement chargé, elles lui viennent surtout de ces étrangers, plus clairvoyants que nous-mêmes, qui, à la Place de l'Alma, cherchèrent les raisons les meilleures de leur éducation artistique ?

Toutefois, Paris a une excuse. On n'a jamais voulu lui faire connaître Rodin. Je l'ai dit, les haines des conseillers de la *quatrième* et celles des fonctionnaires municipaux ont résolument écarté Rodin de toutes les commandes.

On a bâti, en effet, les Petit et Grand Palais, la Sorbonne, le théâtre de l'Opéra-Comique, l'hôtel des Postes, les annexes du Palais de Justice, la gare d'Orsay, etc., etc., et jamais l'Etat et la Ville n'ont imposé aux maçonniers la collaboration de Rodin !

On a édifié, sur les places publiques et dans les jardins, je ne sais combien de bornes de pierre, de marbre ou de bronze ; et l'on n'a jamais songé à Rodin !

Avec sa renommée universelle, il reste, pour Paris, un grand isolé. Ce serait assurément très étonnant, si ce n'était très honteux !

Toutefois, à y bien réfléchir, il est peut-être bien qu'il en soit ainsi.

En effet, les monuments désignés plus haut sont de telles bâtisses informes, mal venues malgré le pillage de tous les styles, que Rodin s'y serait trouvé dépaysé, et, en quelque sorte, impuissant. A pauvres monuments, médiocres sculpteurs.

Je ne me représente pas, en effet, un groupe de Rodin sur ou dans le Grand Palais. Cette horreur sans nom construite par trois architectes, — on a eu l'inconscience de le graver sur une plaque ! — par *trois* architectes, vous avez bien lu, sous la surveillance de deux lamas, dont l'un des deux est, naturellement, le sieur Bouvard ! — cette horreur sans nom, dis-je, mérite tout à fait, au contraire, les quadriges qu'un sculptier dément lança dans l'espace. De même au théâtre de l'Opéra-Comique ou à la Sorbonne, que ferait une statue de Rodin, vivante, expressive, au milieu des débiles colonnes placées là par un prix de Rome ?

Les statues enfin pour places publiques ou jardins!

Mais je crois qu'il est réservé aux politiciens ou aux notoriétés de camelote, d'avoir des sculpteurs indigents. Je ne me représente pas, en effet, un Charles Floquet ou un Waldeck-Rousseau, pour tout dire, « statufié » par Rodin. Pas davantage, un Péan qui fut un chirurgien de théâtre. Oui, ces gens-là ont eu les sculpteurs qu'ils méritaient!

L'année de l'anniversaire de Victor Hugo, on songea pourtant à Rodin. Tout arrive! même l'impossible.

Le sculpteur avait le buste du poète ; il chercha, sans tarder, à en faire un arrangement décoratif sur une colonne. Mais, cette fois, on s'impatienta encore, ou, plutôt, on eut des regrets d'avoir choisi le génial statuaire ; et, brutalement, on lui retira cette commande, pour laquelle on lui avait alloué une somme de quinze cents francs!

On la lui retira pour la donner... à un M. Barrau, sculpteur amateur, auquel on offrit... quarante mille francs! Vous avez bien lu! *quarante mille francs!...* Et l'on dit que les occasions de s'indigner ou plutôt de rire sont rares!

Voilà, en tout cas, comment Paris estime son plus considérable artiste, son seul génie! Quinze cents francs! Nous sommes loin, n'est-ce pas, des centaines de mille francs donnés, l'hiver dernier, par des amateurs aliénés à des peintures de Degas, un grand peintre, certes! mais qui doit lui-même, alors, par comparaison, estimer quatre millions une toile de Rembrandt, quarante millions les

Noces de Cana, et deux millions une œuvre unique de Rodin !

Les plaisantins ! Mais les plus épileptiques, ce sont les gens de l'Institut.

Ont-ils assez répandu leurs injures contre le *Monument à Victor Hugo*, parce que Rodin avait représenté le poète *tout nu*, comme s'il n'y avait pas des précédents fameux, à n'en citer qu'un : la *statue de Voltaire*, par Pigalle. Injures également contre l'*Appel aux armes*, le si admirable groupe qui fut refusé au concours pour le *Monument commémoratif de la Défense de Paris*, à ériger au rond-point de Courbevoie !

Un défunt, très acharné, ce fut cet Emmanuel Frémiet, dont deux statues équestres, édifiées à Paris, ne sont, au fond, l'une, *Jeanne d'Arc*, qu'un mannequin pour le Musée d'Artillerie ; et l'autre, *Vélazquez*, qu'un autre mannequin pour le Musée des Costumes !

On dit encore que, lorsqu'il passe devant une œuvre de Rodin, M. Mercié (ah ! Rodin lui a porté un grand coup, je l'avoue !) M. Mercié ne manque jamais de laisser tomber dédaigneusement ce mot : « Oui, un moulage sur nature ! »

Voilà leurs pauvres ripostes, à tous !

Mais Rodin est tellement vengé, au surplus, de la sottise de l'ex-*quatrième* fameuse et des bureaux — *artistiques* de l'Etat.

Oui, il n'a qu'à se promener par les rues, par les carrefours, à entrer dans les jardins, et à regarder l'*Alfred de Musset*, de M. Mercié, les nombreuses statues de

M. Puech, les « boulots » de M. Frémiet, l'*Alphonse Daudet*, des Champs-Elysées, et les inénarrables « navets » offerts aux mânes des Jules Ferry, des Waldeck-Rousseau et de Victor Hugo, « confié », le grand poète, à un regrattier !

Oui, elles abondent les tristes, les lugubres statues, acceptées par d'incohérentes assemblées municipales ! Il y en a trop, parce qu'elles sont presque toutes hideuses et déshonorantes pour celui qui les éleva et pour nous qui laissâmes faire. C'est le krach de l'hommage posthume. Si l'on veut statufier quand même, il vaut mieux re venir tout de suite à ce projet de la *Voie merveilleuse* (!), qui devait aller de la place de la Concorde à l'Arc de Triomphe ; car si on réalise jamais cette idée, ce sera du coup et d'ensemble si ahurissant qu'on renoncera aussitôt à ce genre d'hommage.

La place manque, répète-t-on, mais les comités pour hommes célèbres ne se lassent point. Ils sont infatigables !

Les statues de Paris ! Oui, elles sont baroques. Si l'on voulait, un soir, pleinement égayer une salle de music-hall, on n'aurait qu'à les faire apparaître l'une après l'autre sur un vaste écran ; je puis assurer qu'on passerait alors de doux moments ; car toutes ces statues, faites pour vous inspirer des pensées d'héroïsme, tout au contraire, incontestablement, vous inciteraient à rire. Essayez de composer déjà une *Voie merveilleuse* avec le lot des statues actuelles, et vous verrez qu'il ne peut être imaginé rien de plus bouffon.

Sans doute, Paris s'honore de certaines effigies.

Quelques-unes même ont grande allure, comme le *Louis XIV*, de la Place des Victoires; d'autres aussi plaisent, comme le *maréchal Ney*, de Rude ; mais peut-on, j'y reviens, concevoir un bric-à-brac plus odieux que celui qui encombre les carrefours, les places et les jardins publics ?

Car on a commis cette chose stupéfiante : on a édifié, au milieu de la circulation, des statues de gens en redingote, tenant des crânes ou des cornues ; on a dressé des moulins à vent en pleine rue ; on a laissé à la pluie des femmes en toilette de bal !

Nul sentiment décoratif n'apparaît. On assoit des gens au croisement des rues ; on les installe dans leur fauteuil ; on les veut là « comme chez eux ! »

Ce temps, en vérité, a horreur des gazons, des fleurs et des arbres. Dès qu'une belle pelouse est formée, vite, au milieu de l'herbe verte, veloutée, on pose, on dépose plutôt, une statue de savant, d'industriel ou de soldat, au hasard de la commande. Le parc Monceau, c'est une nécropole ! Le jardin des Tuileries, c'est une resserre de sculpteurs !

« La sculpture est un art de Caraïbes ! » a dit Baudelaire. Et n'est-ce point vrai quand elle représente de la façon que l'on sait des Dolet, des Broca, des Claude Chappe, des Meissonier, des Jules Ferry, des Jules Simon, des Lavoisier, des Diderot, des Raspail, etc., etc. ?

Toutes statues de concours ! Toutes statues choisies par des Comités, revues et acceptées par les bureaux de l'Etat et de la Ville ; piètres rebuts d'un autre suffrage universel !

Bien des fois on a médit des concours, bien des fois on en a démontré l'insanité, uniquement conservée par mesure politique. Il faudrait, de temps en temps, reprendre cette antienne, et arriver à persuader que le choix d'un sculpteur qui s'est affirmé est le seul bon, — et qu'il y a surtout honte nationale à penser que, sur les places publiques de Paris, il n'y a pas une seule statue de Rodin ; un buste d'Henry Becque, seul ; c'est tout — et l'on se répète que c'est assez !

VOYAGES

LES voyages ! Ils comptèrent beaucoup dans la vie de Rodin.

Le premier pays étranger qu'il visita, ce fut la Belgique ; la Belgique, dont les musées et les forêts et les vallées l'attirèrent également.

« Ce que Rodin, d'ailleurs, (a dit M. Gustave Geffroy), se rappelle le mieux de ce temps, où il s'appropriait la pratique d'un métier avant de se formuler à lui-même la conception de son art, c'est l'heureuse solitude où il pouvait se réfugier après les heures données au travail forcé. Il respire encore avec ivresse l'air de liberté qui l'enveloppait pendant ses promenades et ses marches, il revoit les lumières et les végétations des saisons différentes, les champs colorés, les javelles pâles, il sent encore sur ses paupières les fines pluiee incessantes qui sont toujours, dans ces contrées du Nord, coupées de canaux et voisines de la mer, en suspension dans l'atmosphère.

« C'est pendant ces courses, ces jours de réflexion,

ces rêveries devant les Monuments, cette existence concentrée que l'homme s'est blotti en sa pensée, que l'artiste a pris son goût de travail indépendant et fort, dans l'atelier formé, comme au milieu de la nature, où courent tous les souffles, où passent toutes formes. »

De cette hospitalière Belgique, Rodin redevient chaque année un hôte qui se souvient. Il y fut si pleinement heureux qu'il se met en route aisément pour revoir la ville de jadis, ce Bruxelles agréable, qu'hélas ! on mutile trop à son gré.

Oui, il y fut heureux ! C'est le profitable moment de toutes ses recherches, d'un acharné et intelligent labeur, parce qu'il voulait comprendre, discuter tous les principes établis par les maîtres.

Et Gand aussi l'attirait ; et cette adorable ville de Bruges, moins morte pourtant que ne la désirait le poète Rodenbach ; Bruges et ses canaux et ses carillons ! Et de là, Rodin alla en Hollande « y faire provision de brume et de rêve » ; et avec quelle ferveur il y admira Rembrandt, qu'il surnommera plus tard, en songeant à tant de dessins éloquemment teintés : *le roi de la profondeur !* alors que Chéret, de son côté, dira : « Rodin, c'est plus qu'un sculpteur, c'est exceptionnel, c'est Rembrandt sculpteur ! »

Puis il eut la hantise de l'Italie ; et, à maintes reprises, il réalisa ce voyage.

Il voulut connaître et il connut mieux que personne Niccola Pisano, Giacopo della Quercia, Ghiberti, Verrochio et le savant Donatello et le grand Michel-Ange. Et rien ne fut plus émouvant que sa propre confrontation avec tous ces maîtres !

S'imagine-t-on ce spectacle ? Voit-on Rodin, en pleine possession de son génie, se camper, pour une plus parfaite contemplation, devant le *Tombeau de Jules II* ou un chef-d'œuvre de Donatello ? Ah ! l'admirable interview à prendre, pour un reporter en délire ! Ah ! les frémissantes pensées qui durent agiter l'âme de cet autre noble sculpteur, qui, vivant, venait chercher auprès des maîtres disparus de fortes leçons ! Et c'est sans doute d'avoir contemplé l'*Enfer* peint sur les murs du Campo-Santo de Pise ou dans une chapelle de Santa Maria Novella, à Florence, qu'il fit, lui, Rodin, plus tard, un *Enfer* tout différent ; non semblable également aux damnés des cathédrales, monstres qu'agitent des diables cornus. Il avait trop considéré ces éloquentes œuvres pour tenter de les répéter, à des siècles d'intervalle. Les fables dantesques et l'enfer théologique, Rodin devait adapter ces deux enfers à une sensualité, à une damnation « modernes ».

Il visita Naples, Rome, Florence, Venise.

Il fut l'hôte assidu des Musées ; il s'assimila sans fatigue la formidable production des Maîtres ; il retint dans chaque musée ce qu'il y avait de sublime ; et il exalta son imagination jusqu'à la frénésie. De Michel-Ange, les peintures lui furent bientôt aussi familières que les sculptures. C'est depuis ce moment, qu'il « connaît » la *Sainte Famille*, de la Galerie des Offices, la *Conversion de saint Paul*, du Vatican, le *Jugement dernier* et l'illustre fresque du *Plafond de la Chapelle Sixtine*, puissantes anecdotes bibliques, qui dominent les termes de la contemplation la plus passionnée. Et il s'enthousiasma de même pour les musées de Venise, le musée Correr, San Giorgio dei Schiavoni, San Vitale et l'Académie, où s'épanouit Carpaccio.

Souvent à Rome, de la place sise devant l'église de Saint-Pierre-in-Montorio, il s'attardait à regarder la Ville, la Ville des Villes.

C'étaient, pêle-mêle, de l'eau, du ciel, et des formes de pierres, de coupoles, de dômes et de tours !

Il voyait le Tibre, Saint-Paul-hors-les-murs, et, en avant du mur d'enceinte, le mont Testaccio, la pyramide de Cestius et la porte Saint-Paul. Puis, il considérait l'Aventin, où s'élèvent les églises Sainte-Marie Aventine, Saint-Alexis, Sainte-Sabine et Saint-Anselme. Puis c'étaient des monts, des villas et encore des églises, avec, dans le lointain, les Abruzzes. Le Palatin, surtout, le retenait, puis le Colisée, les trois arcades de la basilique de Constantin, le Capitole avec le palais Caffarelli, et l'église d'Aracœli. Majestueux, les deux dômes et la tour de Sainte-Marie Majeure s'imposaient maintenant, et c'étaient ensuite le palais royal du Quirinal, la colonne Trajane et l'église du Gesu, avec son dôme, qui surgissaient de ce chaos tantôt comme voilé, tantôt comme poudré de lumière. Sur le Pincio, il découvrait la villa Médicis, si hostile ; et, là-bas, non loin du Tibre, le palais Farnèse qui ne lui était pas plus hospitalier. Et il regardait encore des croupes de monts et le château Saint-Ange et Saint-Jean des Florentins et le mont Mario, et la villa Mellini, jusqu'au moment où il arrêtait sa contemplation profonde sur le dôme de Saint-Pierre !

Plus tard, si l'on en croit M. Vittorio Pica, les Italiens ne surent pas gré à Rodin de sa ferveur pour leurs anciens maîtres ; car « les cinq statuettes en plâtre (raconte M. Pica) que Rodin en 1897 envoya à la deuxième exposition d'art international de Venise, bien que présentant, dans la nouveauté insolite de l'invention et la hardiesse de vie, de pose, et de groupements, — un caractère très marqué d'originalité — furent à peine remarquées du public italien ; si elles ne provoquèrent pas grand enthousiasme, elles ne suscitèrent d'ailleurs ni indignation ni grande surprise. En l'année 1903, au contraire, comme on a concédé au puissant sculpteur toute une salle où exposer tout un groupe d'œuvres intéressantes et caractéristiques, les discussions ont éclaté, ardentes, bruyantes, depuis le premier jour.

« Tandis que les rigides gardiens de la tradition et les féroces gendarmes de l'esthétique plus ou moins académique crient au scandale, comme les oies préposées à la garde d'un Capitole de carton, — que quelques sculpteurs autorisés, avec cette profonde incompréhension qui souvent nous étonne dans les jugements tranchés, étroits des artistes, s'inquiètent, s'indiquent, avec de petits sourires sardoniques de compassion, l'absence de plastique et les erreurs de proportion de l'une ou de l'autre statue de Rodin, — la grande majorité des visiteurs s'éloignent de la salle, après un rapide regard alentour, haussant les épaules avec mépris. »

Rodin fut mieux accueilli, en l'année 1902, à Prague, quand la Société des jeunes artistes tchèques « Manes » inaugura une très complète exposition de ses œuvres. Il y fit une visite triomphale, fêté par les cercles officiels, acclamé par les artistes ; et, de tous les banquets qu'il dut accepter, il ne garda point certes le souvenir de la cuisine tchèque, car on ne lui laissait que le temps de signer d'innombrables portraits de lui-même et des photographies de ses œuvres.

« L'exposition de Rodin, écrivit M. Karel B. Madl, fut pour Prague une invasion inattendue et soudaine, mais non une invasion, dans l'ancienne culture, de barbares pillards et destructeurs, mais une invasion de quelque chose de victorieux, d'étranger, d'inouï, de tourbillonnant, de triomphant. Rodin apparut à Prague portant sur son front élevé la couronne d'or du triomphateur, recevant des hommages comme s'il était monté sur un quadrige dans la *Via sacra*. Les enthousiastes en tête entraînaient à leur suite la multitude des curieux qui se pressaient dans de bruyantes acclamations. Mais dans les premiers rangs, comme dans la foule d'arrière, il y avait des hommes qui ne restaient que parmi les curieux, consternés, sans parole, taciturnes, intimidés, ne croyant pas même leurs propres sens, parce qu'il leur apparaissait quelque chose de singulier, d'inaccoutumé, d'inconnu jusque-là, qu'ils ne pouvaient saisir sur-le-champ et dont ils ne pouvaient pas s'enthousiasmer d'abord. Ils ne sentirent que la grandeur étrange du phénomène, ou plutôt, ils ne s'en aperçurent qu'obscurément.

« Nulle part, une résistance uniquement doctrinaire, élémentaire ou fanatique ne se fit entendre. »

En Angleterre, Rodin, avant que d'y être fêté et consacré (j'ai dit qu'on était en arrangement pour placer les *Bourgeois de Calais* auprès du Parlement), Rodin fut honoré d'un refus d'exposer par le jury de l'Académie royale d'Angleterre. Depuis, on le voit, les opinions à son égard ont changé.

Aussi, son ami le peintre-graveur Alphonse Legros, bien que vivant tout à fait à Londres, n'était pas alors pour le recommander ; car il vivait dans une condition peu aimable : craint, isolé et de propos amers. Il s'obstinait à garder le souvenir de dures luttes.

« Il avait quitté Paris, (a raconté son ami le statuaire Dalou), malade, sans feu, fuyant les créanciers, en un mot, dans une affreuse misère. » Entraîné par son ami Whistler, qui lui faisait espérer du travail à Londres, Legros avait, grâce à l'influence toute-puissante de D.-G. Rossetti, le chef du groupe des préraphaélites, et de G.-F. Watts, la plus grande figure de l'art anglais, Legros avait trouvé, tout de suite, un gagne-pain ; puis un jour, sir Edward Poynter, le directeur de la National Gallery, lui avait noblement abandonné son cours, dont les appointements étaient de vingt-cinq mille francs. Mais Legros, malgré sa vie désormais assurée, gardait rancune à ceux qui l'avaient obligé de quitter la France, qu'il ne cessait point d'aimer ; et la croix de la Légion d'honneur, qu'il avait eu la sottise de demander, lui ayant été refusée à cause de son original talent, il était devenu irritable et s'en prenait à tous de cet insuccès — pour en arriver à rompre avec Whistler, d'abord, avec Rodin, ensuite, dès le jour que ce dernier avait été, sur le tard pourtant, décoré.

Quant à Whistler, Rodin n'avait pas eu non plus à compter sur lui pour acquérir, en Angleterre, d'utiles et puissantes amitiés. « On était ami avec Whistler de toute la longueur du bras », a-t-on dit, quelquefois ; et rien n'était plus exact. Nul être ne fut plus distant, plus susceptible et plus orgueilleux ; et Rodin, par surcroît, un jour que Whistler s'était plu à lui montrer quelques-uns de ses tableaux, Rodin, tout à ses propres pensées, distrait, avait oublié de l'en féliciter. La rupture fut complète.

En Allemagne, l'empereur Guillaume témoigne, chaque fois qu'il en a l'occasion, de son dédain pour l'œuvre de Rodin ; et il ne peut en être autrement quand on songe à toutes les horreurs qu'il a imposées à Berlin et à Postdam. Cet empereur, à la parole trop abondante, a, pourtant, daigné honorer de son amitié Adolf Menzel ; mais cela ne compnese pas les lourdes productions d'une statuaire médiocre qu'il a généreusement encouragées.

Aussi, en opposition aux sentiments de son Empereur, M. V. de Seidlitz, au cours d'un voyage à Rome, a tenu, dans un charabia sympathique, à nous faire entendre un autre son de cloche :

« Chez nous, en Allemagne, dit M. de Seidlitz, Auguste Rodin est bien envisagé de tous ceux qui croient en l'avenir de l'art et en entrevoient la forme vibrante d'une vie nouvelle, comme le sculpteur non seulement le plus grand de la France mais de tout notre temps. Non pas à cause de nouvelles formules qu'il aurait établies — que Dieu nous garde de tous les théorèmes, — mais puisqu'il a su redescendre jusqu'à la source intarissable dont jaillit toute œuvre d'art destinée à pardonner les siècles, la vision intime des forces qui constituent l'organisme si compliqué et si mouvable du corps humain. Ces notions-là, ni la tradition, ni l'étude de l'antiquité, ni même l'étude de la nature, ne peuvent les transmettre ; seule, l'imagination du vrai et grand artiste les possède et les incorpore dans son œuvre, en preuve de l'axiome que l'art est le rival et non l'esclave de la nature.

« Quoique le maître le plus moderne de sentiment que nous possédions, Rodin crée ses œuvres à l'égard des Grecs sans jamais penser à entrer en concurrence avec eux. Ce matin encore, lorsque sous un ciel brillant nous pouvions jouir des beautés réunies dans la villa Albani, dont le duc Fortonia avait, par grande exception, ouvert les portes aux membres du Congrès pour les sciences historiques clos le jour avant, on pouvait largement s'en convaincre que chez lui, comme dans les antiques, règne le même amour du beau, de la forme souple et mouvementée, des grandes lignes expressives et des fines attaches, qui vous invite à caresser le marbre comme le sculpteur l'a caressé dans sa pensée et durant l'exécution.

« Ces mystères-là ne peuvent être ni transmis, ni appris ; mais l'homme qui nous les révèle mérite bien d'être appelé un bienfaiteur de l'humanité. »

Et ceci doit encore être désagréable à Guillaume II,

nombreux sont les ouvrages consacrés, en Allemagne, à Rodin. Il convient de citer entre autres : *Auguste Rodin Eine studie,* von L. Brieger-Wasser, Vogel, volume édité à Strasbourg, par Heitz, en l'année 1903 ; puis *Auguste Rodin,* von Georg. Treu (*Jahrbuch der bilbenden Kunst,* Berlin, 1903, chez l'éditeur Marterssteig), et dont M. René Chéruy donna une excellente traduction ; et *Auguste Rodin,* von Rainer Maria Rilke, Berlin, J. Bard, en l'année 1903, également ; etc., etc.

Enfin, sans mentionner les collections particulières, la Nationale-Galerie de Berlin et le Musée des Arts industriels de Hambourg possèdent des œuvres de Rodin ; tandis que l'Albertinum de Dresde à réuni une collection de ses principales œuvres : originaux et moulages.

Rodin alla aussi en Espagne.

Ce voyage s'était décidé au cours d'un déjeuner avec le peintre Ignacio Zuloaga, à Meudon.

Ce fut un assez court voyage en automobile, avec des arrêts à Madrid, à Tolède, à Cordoue et à Séville.

Zuloaga, très épris du Gréco et de Goya, vit Rodin considérer avec peu d'enthousiasme les œuvres de ces deux maîtres, auxquels il opposait toujours sa grande admiration : Le Titien. Mais, par contre, les paysages de la Castille l'enchantèrent ainsi que le véritable style architectural espagnol.

A Madrid, Rodin eut une réelle joie à voir danser les gitanes ; et pourtant le lieu où elles se trouvaient sentait l'huile, et il y faisait une atroce chaleur.

« Mais comme elles savent danser (a dit Théophile Gautier), les fauves gitanas au teint de cigare, aux yeux de braise, à la hanche provocante, en tannant de leur pouce la peau brunie du pandéro ! Quel feu, quel entrain, quelle verve dans cette maigreur passionnée, dans cette pâleur ardente ! »

Toutefois, ce voyage n'a pas laissé à Rodin les traces profondes de ses voyages en Italie et de ses visites à Londres, où il revint une fois pour le plaisir de montrer à son ami Desbois les statues du British Museum.

L'Italie surtout reste le pays envié, le pays auquel Rodin songe toujours ; et son contentement fut grand quand, au printemps de la dernière année, il put aller placer, à Rome, sa statue de l'*Homme qui marche*, dans la cour d'honneur du Palais Farnèse.

Il a raconté lui-même, dans une interview, comment, néanmoins, il avait placé cette statue, presque seul ; je veux dire sans la participation officielle de l'Ambassade de France à Rome et sans l'autre participation de l'Académie de France.

Pour le bon renom de la France, le maire de Rome, M. Nathan, heureusement, le fêta. On ne crut pas alors au geste d'un cambrioleur venant se débarrasser d'un chef-d'œuvre au milieu de la cour d'un Palais. Pendant ce temps, l'ambassadeur français évoquait sans doute la gloire passée de feu Guillaume, de l'Institut, deux fois directeur de l'Académie de France à Rome ; et, cette dernière, par son accablante imbécillité, indiquait à un futur rapporteur du budget des Beaux-Arts pas trop ignare combien sa suppression enfin votée serait un bienfait sans limite pour l'Art !

Mais cette comédie amère n'est point terminée. Il reste à édifier le socle de cet admirable *Homme qui marche ;* et Rodin devra réunir « toutes les herbes de la Saint-Jean » pour pouvoir enfin, en paix, dresser sa statue sur son piédestal. Il devra retourner à Rome, pour arriver à bout des dernières embûches. Quelle pitié ! Croira-t-on vraiment plus tard une pareille aventure, quand on en retrouvera l'anecdote détaillée ?

Je sais bien que Rodin aura une compensation à revoir les musées affectionnés, à revoir le palais Barberini, le musée des Thermes, le *Moïse* de Michel-Ange, à Saint-Pierre-aux-Liens, le musée Kircher, le palais Doria, le palais Colonna, le musée Barracco (si abondant en beaux antiques), le musée du Capitole, l'Académie de Saint-Luc, le musée du Latran, et la Chapelle Sixtine et les plus miraculeux antiques du Vatican.

Mais, aussi bien, n'est-ce pas Paris qui dicte la conduite de l'ambassadeur de France à Rome, et les non moins aimables agissements de l'Académie de France ?

Je comprends à la rigueur que la Commission du Musée national de Stockolm se soit rendue ridicule en refusant, en 1897 (il y a bien du temps déjà !) le plâtre de la *Voix intérieure*, offert par Rodin. Ces gens-là ne savaient pas ce qu'ils faisaient ; mais les Commissions de Paris, les Amateurs d'art de Paris, les Amants de la Beauté de Paris, toutes ces comiques sociétés d'orphéonistes, à quoi songent-elles, bon Dieu ! alors qu'en Amérique, le plus simple Musée convoite passionnément des œuvres de Rodin ?

Allons, messieurs les porte-mirlitons, saxophones, cornets à bouquin, un salutaire mouvement : remontez une fois pour toutes dans vos guimbardes et détalez jusqu'à Palaiseau !

Entre temps, Rodin continuera à créer des œuvres et à aimer la France. Car il ne craint pas, malgré son âge, d'accomplir encore de longs trajets pour aller voir une œuvre d'art qu'on lui signale.

Il a déjà parcouru toute la France, de l'Est à l'Ouest, et du Nord au Sud. Combien de dimanches il a passé devant et dedans les cathédrales, par exemple, puisant encore de nouvelles forces dans sa foi admirative ! Il va vers les chefs-d'œuvre d'autrefois, comme on allait jadis aux pèlerinages, avec le même sentiment ému et préparé par de longues méditations. J'envie son ami, M. Gabriel Hanotaux, qui a la joie, l'été, de le recevoir souvent dans sa villa de campagne du département de l'Aisne ; car, les entretiens de Rodin, en voyage, c'est un haut et fécond enseignement.

Ah ! quel regret que son génie et son âge l'empêchent de faire partie, lui aussi, d'une Commission artistique et historique, pour la sauvegarde des derniers chefs-d'œuvre de France ! Il faut entendre Rodin parler de certains vestiges d'art, attaqués, pour comprendre de quel salutaire appui serait sa parole.

Hélas ! que de niais courtisans de Ministères vont en mission à sa place, et parlent en... leur nom ! Aussi M. Maurice Barrès vivra assez pour voir jeter aux décharges publiques la dernière église et le dernier clocher.

RODIN A MEUDON

MEUDON-VAL-FLEURY !

C'est ainsi que l'on a baptisé le joli coin de banlieue parisienne où Rodin, depuis longtemps, abrite toutes ses rêveries et mûrit tous ses grands projets.

Meudon-Val-Fleury ! Ce val est adorablement séduisant et boisé ; et, au-dessus de sa courbe gracieuse, il semble que passent et repassent les plus beaux nuages du monde et les plus majestueux soleils !

Meudon-Val-Fleury ! oui, si près de Paris, plus rien de la banlieue chantée jadis par Raffaëlli ; plus d'arbres grêles, dolents, mais d'abondantes touffes d'arbres, des buissons de hêtres et d'ormes, des panaches de chênes géants et de hauts peupliers !

Et le coquet village rustique part de la gare pour escalader les hauteurs !

Vieilles maisons d'autrefois, aux graves visages renfermés, aux baies presque toujours closes, et maisonnettes aussi d'aujourd'hui, avec des jardinets, des chiens, des gamins tapageurs, et maisonnettes, quelques-unes même en bois, tout en bois, un rêve exaspéré d'employé qui a voulu vivre à la campagne, et qui a édifié sa maison, comme il a pu, au petit bonheur !

Toute cette verdure, toute cette paix, Rodin fut conquis.

Justement, il y avait des mois qu'on cherchait à vendre, perché sur la hauteur, au-dessus de la ligne du chemin de fer, une sorte de pavillon Louis XIII, aux briques rouges et au toit élevé. Sa propriétaire, Mme Delphine de Cols, s'était vite lassée de son caprice : le pavillon isolé, et trop de chemineaux inquiétants qui rôdent par là en la belle saison.

Rodin, lui, ne redoutait ni la solitude ni les vagabonds de la banlieue ; et il acquit pour une quarantaine de mille francs la villa des Brillants (ainsi l'appelle-t-on), sise avenue Paul-Bert.

Tout de suite, il s'y installa ; et il ne fut pas longtemps à voir tout le parti qu'il en pouvait tirer, en y comprenant le jardin, qui descend selon la pente molle du terrain.

Il chercha les emplacements des premiers ateliers d'abord ; et, dès qu'ils furent édifiés, arriva tout un peuple de statues.

C'était un choix fait dans les ateliers de Paris, le plus bel ensemble que Rodin pût alors réunir. Car il comprit tout de suite que là, à Meudon, il vivrait le meilleur de sa vie, et si à l'abri, si isolé de tous.

En effet, un importun hésite tout de même à prendre un train, et à gagner au haut d'une station, après dix minutes de marche, une villa où on ne l'attend point ; puis, il y a encore une longue allée bordée d'iris et de marronniers, avant que d'arriver à la petite barrière de la cour, où pend une sonnette. On a tout le temps ainsi de méditer sa démarche ; et j'espère que beaucoup qui étaient venus pour voir Rodin à Meudon, en se disant qu'après tout un grand artiste doit recevoir tous ses admirateurs, j'espère que beaucoup de ceux-là, au dernier moment, sont repartis, contents, en somme, d'avoir vu le paisible pavillon, et d'avoir entendu aboyer le chien niché à l'entrée.

C'est qu'aussi, d'ensemble, cette villa est un peu celle de la Belle au bois dormant, quand on passe sur la route. Elle est, là-bas, cachée dans les arbres ; et, tout autour d'elle, de rares maisonnettes, disséminées, ne sont point vivantes. Il y a même, au bout de la route, bordée de champs et de potagers, et avant de redescendre par une autre route, dans le creux du val, une villa qui, il y a bien longtemps, fut, sans doute, brûlée et qui, aujourd'hui, tombe en ruines.

Elle fut coquette, jadis, à en juger par des tourelles-pigeonnières et par des découpures de toits ; puis, il y eut des jeunes femmes, peut-être, qui veillaient sur deux cages d'oiseaux, jetées dans l'herbe ; et qui animaient de leurs rires une salle de bain, dont on voit encore la baignoire dorée !... Mais si vous voulez en savoir davantage, n'interrogez personne ; on ne sait pas dans le pays !... et, ma foi, il vaut peut-être mieux, malgré l'invraisemblance, songer tout uniment à quelque villa gallo-romaine, saccagée par des Mercenaires !

Rodin n'a modifié en rien le plan même de la villa

des Brillants. Il n'eut jamais le temps de s'attarder aux rêveries d'un petit rentier, qui projette, à propos de sa bastide, des reconstructions et des améliorations dignes d'un empereur romain. Les diverses chambres demeurèrent donc telles qu'elles étaient, mais elles se meublèrent d'objets d'art.

Le jardin, lui, par contre, subit une transformation fastueuse. De jardin de banlieue, de jardin de villa parisienne, il devint peu à peu un jardin antique.

Je me suis souvent amusé à penser que le verger archaïque d'Alcinoüs (décrit dans l'*Odyssée*) était presque celui que j'ai vu et que je revois à la villa des Brillants, tout orné d'édicules, de bassins et de statues. L'aspect des beaux sites que l'on aperçoit ici à travers les arbres fruitiers, il était ménagé également jadis au moyen de belvédères ou d'exèdres. Les plus magnifiques horizons étaient, pour les artistes grecs, des décors propres à faire ressortir leurs œuvres. Or, Rodin pense de même, lui qui, dans les coins propices de son jardin, a placé tant d'œuvres d'art pour que la nature les fasse valoir.

A d'autres moments, à Meudon, au milieu du jardin, on évoque aussi les retraites que Catulle aimait à Tibur et à Sermione sur le lac de Garde, — ou les jardins de Cicéron, à Tusculum et à Pouzzoles. Et ces ressouvenirs ne sont point écrits par affectation de pédanterie, mais simplement parce qu'il y a, dans ce jardin hors les murs de la Ville, tant de fragments antiques, tant de charmantes statues et tant d'exquises stèles, que l'on est bien forcé de songer à ces « jardins pour la conversation » que les Romains, artistes et lettrés, affectionnèrent d'une façon si absolue et avec un goût si excellent !

Et puis les visiteurs du jardin de Meudon éprouvent encore une vive joie à découvrir une sorte de petit lavoir, orné d'un simple masque — et un bassin, au-dessus duquel s'éploient de beaux arbres. C'est tout près de là que dort un amour de marbre, sur une stèle décorée. Le petit dieu de ce jardin ! Et il est si familier et si doux, endormi sur une peau de lion, que des pigeons viennent se poser, confiants, sur sa joue.

Des cygnes animent le bassin, et duvettent de leurs plumes les plates-bandes et les allées ; et des paons, posément, orgueilleusement, se promènent, ou s'installent sur un fragment de marbre.

Car, partout, disséminée sous les arbres ou droite ou couchée dans les allées, elle est accueillie, la Beauté antique. Et Rodin lui a fait un si joli sort, a si bien choisi pour elle le coin favorable, que l'on ne songe jamais à la plus légère critique : tant de choses amassées que l'idée viendrait vite d'un dépôt de pierres.

Voyez également avec quel art consommé Rodin a fait réédifier dans son jardin une façade d'un château du XVIIIe siècle, élevé autrefois à Issy. Érigée sur quelques marches, elle offre l'aspect d'une ruine admirable ; et son fronton qui se découpe en plein ciel est du plus noble dessin. C'est un décor, qui, placé à l'écart, complète superbement l'aspect du jardin, comme le hall, venu de la Place de l'Alma (au temps de l'Exposition dernière), met un air de grandeur souveraine dans l'ensemble de ce jardin intime, vrai jardin d'un artiste — et toujours, j'y reviens, — car cela tout le temps ici s'accuse — si loin de nous !

Je l'ai revu aujourd'hui ce jardin, par un beau jour de fête, un lundi de Pâques tout ensoleillé et tout blanc de la neige blanche et rose des arbres fruitiers.

On voyait là-bas, comme toile de fond, les coteaux de Sèvres, de Saint-Cloud, de Suresnes, de Garches et le Mont-Valérien et les toits d'usines d'Issy-les-Moulineaux. Tout cela miroitait et se fondait dans la chaleur; tandis que la Seine, tranquille, s'étalait, portant de lents et pacifiques bateaux. On entendait des cris d'enfants, des claironnements de coqs et le fracas des trains qui démarraient. Dans des prés, des vaches paissaient. Des tableaux de Paul Potter, si la foule des promeneurs endimanchés, maladroits et hilares, évoquait une fresque copieusement comique de Jean Veber.

L'air était si doux que des aéroplanes et un dirigeable évoluaient, dans un grondement rapide, au-dessus du joli jardin antique. Paysage de féerie du Théâtre du Châtelet! Les champions de l'air au-dessus des ruines : torses, bustes, fragments de la Grèce et de Rome.

Et, toujours, de partout, j'étais dans la neige des cerisiers, des pêchers et des poiriers en fleurs. Le grand paysage se pâmait un peu sous le soleil. La villa et les ateliers m'apparaissaient maintenant comme un temple élevé tout au sommet des cités industrieuses; et c'était

Paris, là-bas, sur la droite; Paris et le viaduc du Point-du-Jour; Paris et la tour Eiffel, toute dorée.

Et je songeais à la Place de l'Alma, au hall installé à l'aube de ce nouveau siècle.

Le hall de la Place de l'Alma! Il était si glorieux, hier; il apparaît si intime ici, malgré son formidable spectacle. Quel labeur a créé toutes ces statues, a animé toutes ces figures! Elles sont là, tumultueuses ou sereines, passionnées ou tranquilles, debout ou couchées; et toutes, quand on les examine avec obstination, portent la splendeur vivante de ce modelé qui a fait saillir tous les plans, et a accusé toutes les profondeurs du modèle humain. Peuple blanc, peuple de plâtre ou de marbre, personnages dantesques ou mythologiques, quelle nouvelle création du monde est renfermée ici, avec toutes les passions! Les voici toutes les statues que vous avez vues passer aux heures enchantées de votre vie; les voici les amants éperdus, les faunes, les faunesses, toutes les mythologies et toutes les sensualités, et tous les frémissements de la vie, et toutes les douleurs, et toutes les angoisses! Voici la Vie, toute la Vie!

Voici l'*Age d'airain*, le *Penseur*, le *Printemps*, la *Pensée*, l'*Emprise*, les études des *Bourgeois de Calais*, l'*Homme au nez cassé*, le *buste de Dalou*, *Eve*, le *Balzac*, le *Saint Jean*, l'*Appel aux armes*, le *Monument Sarmiento*, *l'Ugolin*, *la Parque et la Convalescente*, les bustes, les torses, les fragments, la Vie! toute la Vie!

Et, dans une autre partie de ce domaine d'un noble artiste, se dresse une nouvelle verrière, celle-ci consacrée à une magnifique collection d'antiques, des marbres jaunis, dorés par la patine du temps, des fragments : torses, visages mutilés, que Rodin a recueillis dévotieusement, et auxquels il rend visite, presque chaque jour ; œuvres de maîtres anonymes qui ne furent jamais plus aimées, et, on peut l'affirmer, plus intelligemment comprises. L'Egypte, la Grèce ! Rodin a fait la part égale à ces deux terres admirables ; et, patiemment, amoureusement, il a voulu connaître tous leurs mythes, toutes leurs légendes et tous leurs mystères.

Avec quel art, avec quelle éloquence, il commente toutes ces formes que le temps a rudement polies, quelquefois effacées ! Ah ! quel catalogue superbement imagé il eût pu établir, ce maître, pour tous ces chefs-d'œuvre arrachés, pour un moment, à la destruction inéluctable ! J'ai pensé souvent, en l'écoutant, à ce que les archéologues nous disent, sur les mêmes sujets, en comparaison. S'ils savaient, ces gens-là, tout ce qu'il y a à découvrir chez les antiques, dans les antiques, en les considérant seulement, de la bonne manière, par exemple : avec une observation et une connaissance du modelé, qu'ils ne peuvent pas, bien entendu, approfondir ! Ah ! les gens de l'Ecole d'Athènes, les professeurs-jurés d'art, les improvisateurs issus de l'Ecole normale, dont le plus mémorable type fut, sans conteste, feu Larroumet, quelles sottises ils profèrent, quelles ridicules opinions ils émettent !

Et ils continuent, toujours ! Des éditeurs leur ouvrent toutes grandes leurs portes, parce qu'ils se parent d'un titre officiel ; parce qu'ils ressassent des idées centenaires ; parce qu'ils affirment que, la Musique exceptée (on ne sait trop pourquoi !) tous les arts leur sont familiers ! S'ils savaient ! S'ils savaient !

Ce qui est certain, c'est qu'une leçon de Rodin domine toutes les leçons des Instituts. Ah ! tenez, les pions, allez donc à Meudon ; et écoutez le maître, quand il regarde un de ses antiques ; il vous expliquera tout le modelé, tout le caractère de l'œuvre ; et vous ne vous promènerez plus peut-être, ensuite, à travers les antiques du Louvre, avec des airs égarés, passant sans voir devant des chefs-d'œuvre ; et ne faisant des stations que devant d'autres chefs-d'œuvre que vous ne comprenez pas mieux, mais au sujet desquels on vous a transmis des ordres tout faits d'admiration.

A Meudon, Rodin conserve, avec des peines infinies, sous des vitrines hermétiquement closes, d'autres fragments antiques. L'air les menace, ceux-là ; s'il pénètre, des parties se désagrègent, tombent en poussière. Jamais moribonds ne furent mieux soignés, ne furent mieux défendus contre l'âpreté du temps. Et les formes en sont encore si délicates et si merveilleuses !

Ces pieux hommages rendus au passé, Rodin, comme s'il s'était laissé faire, a hospitalisé, dans sa villa, bien des œuvres modernes, également. Il garde ainsi des peintures de Falguière, de Carrière, de Zuloaga, et, avec quelques œuvres de divers autres peintres, un admirable tableau de Van Gogh : le portrait de feu le père Tanguy, le marchand de tableaux, sur un fond d'estampes japonaises.

Mais, comme pour rejoindre l'antique, à travers tout cela, voici, maintenant, une œuvre du moyen âge, un grand Christ en bois peint ; un Christ à tête de vagabond, de dégénéré déprimé, dont le thorax remonte en se creusant, et dont les pieds se recroquevillent dans le massacre des plaies. Cette œuvre est une authentique merveille. Je crois qu'elle eût fait hurler de joie Hüysmans. Elle vaut, sans conteste, le terrible Christ de Mathias Grünewald, qui appartient maintenant au musée de Carlsruhe, et que le grand écrivain catholique a décrit, avec des mots corrosifs, dans *Là-bas*.

Dressé contre le mur d'une chambre, en somme, assez petite, ce Christ en bois penche de tout son air hébété ; il est las de souffrir ; et l'imbécillité a figé ses yeux. Il est exténué de maigreur ; et ses bras et ses jambes sont tendus, prêts à se déchirer. Le sculpteur anonyme prit assurément pour modèle un de ces serfs que tous les maux à la fois accablaient ; et, misérable, sans doute, lui-même, il offrit ainsi à Dieu, pour mieux l'implorer, leur double souffrance !...

Il faut redescendre dans le jardin pour échapper à cette hantise d'angoisse ; il faut revoir le petit dieu qui dort toujours, si posément, avec cette mine un peu gonflée que Donatello exprima avec tant de bonheur ! Il faut retrouver les paons qui, maintenant, font la roue, devant les cygnes indifférents.

Alors le charme de ce jardin si rare agit. On conçoit qu'un jour des jeunes hommes, des artistes viendront ici en pèlerinage, et qu'ils se demanderont comment une telle œuvre put être accomplie par un seul, malgré tout son génie ! et, à ce moment-là, les dernières injures, les critiques les plus péniblement exhaussées, seront toutes oubliées. Peut-être cependant restera-t-il encore la hideuse réclame en bois qu'un mercanti impose comme un témoignage si humain d'irrespect et de... muflerie — et cela sur un terrain sis devant le jardin même de Rodin ; de façon que, du chemin de fer, en regardant la villa des Brillants, on ne puisse s'empêcher de voir cette réclame en planches !... Peut-être, même, y aura-t-il toujours un Etat protecteur et un Institut de faux artistes, de quémandeurs officiels, de convalescents de l'Art, de bossus et d'aveugles ; mais qu'importe, tout cela n'empêchera pas ce logis de constituer un de ces héritages qui honore toute une Nation !

IDÉES ET SENSATIONS

Je vais donner ici quelques-unes de ces brèves pensées, qui sont pour Rodin les fruits savoureux de ses profondes observations.

Sculpture, architecture, paysages et toute nature vivante, tout est l'objet de ses méditations. Alors, il a pris l'habitude d'écrire sur des feuilles volantes des notes, jolies notes d'album, qu'il réunira sans doute un jour pour en composer un précieux livre d'artiste.

En regardant un *Petit torse*, sculpture mutilée du bel âge classique, il a écrit :

« L'âme se pose sur les chefs-d'œuvre. Nous n'avons une âme que pour cela. »

Et ce développement :

« Qu'est-ce que vous appelez la vie ? Une chose qui vous excite, vous pénètre en tous sens. Il n'est pas nécessaire que ce torse saigne, il ne dirait rien de plus. Il n'est pas besoin non plus qu'il me parle par une bouche — qui, d'ailleurs, lui manque. Toutes les critiques de ce qu'il n'est pas entier ne l'amoindriront pas. L'âme ainsi n'a pas besoin de tout le corps. L'âme des pierres est ainsi dans la parcelle, plus entière que la nôtre qui abandonnerait un tronçon tel que celui-ci !

« Est-il donc étonnant que je vive continuellement avec les antiques : poètes plus puissants que certains qui existent ? Les antiques ont créé des âmes qui vivront dans nos vitrines plus que nous-mêmes ! »

Lisez cette observation, toujours enregistrée devant le *Petit torse* :

« La pensée que me suggère ce torse est nombreuse, infinie. Je puis écrire devant lui sans m'arrêter. Est-ce que je l'apporte avec moi, cette pensée ? Est-ce que je la mets moi-même dans ce marbre ? Non. Car, lorsque je ne le vois plus, je sens tarir aussitôt cette flamme de la vie ; elle cesse en moi, c'est donc lui qui la possède ! »

A propos de ce *Petit torse*, quelle sensation encore !

« Une chose antique est imitable. Mais celle-ci a une âme. Ce ventre, est-il pareil aux autres ventres de marbre ? Pourquoi les marbres vivent-ils ? La chair est-elle donc devenue marbre cette fois ?

« Les ombres ne tremblent-elles pas ?... on les voit bouger. La pensée de l'homme, une fois abritée dans un livre, dans le marbre, est plus vivante que la nôtre ; mais elle peut être opprimée. Ce marbre a été enterré. »

Le même petit chef-d'œuvre dicte cette pensée :

« Ce marbre conseille mieux les sculpteurs qu'un professeur. Il me chuchote des secrets ; il me les dira de plus en plus fort, si je lui reste fidèle ; il me donnera une âme pareille à celle de son ami, le sculpteur grec, qui l'a modelé.

« La pensée de Dieu n'est-elle pas par le monde, germe fécond enfermé dans un cerveau, puis dans une ordonnance de pierre ; et les magiciens, qui sont les poètes, ne la captent-ils pas ? Ne la contemplent-ils pas pour leur œuvre ? Des sculpteurs ne s'en approchent-ils pas ? N'en laissent-ils rien à la postérité ? ... Oui.

« Il n'a pas de chair inutile. Regardez, pour ne pas abîmer cette mesure, cette fraîcheur. Son modelé est notre guide. Respectez ce printemps ! »

Puis, toujours devant le *Petit torse*, palpitant d'amour :

« Nous trouvons la vie mauvaise, c'est notre faute. Nous la renfermons dans des enfantillages. Nous nous méprisons les uns les autres. Que penserait-on des arbres si l'on soupçonnait cela d'eux ? »

Ne vous étonnez pas, maintenant, que ce petit torse admiré, ait inspiré ce cri du *sculpteur :*

« Triomphe, mère des voluptés ! J'ai peur de bouger ce torse, d'en changer l'éclairage. L'effet est dans les lombes. Je l'ai tourné sur la selle. Il a dans ses confins les séductions de la femme. Le pli qui redouble la fesse est peu marqué. Sur la cuisse, passages, souplesse gracieuse, charmes sacrés, peu appuyés. Mont de Vénus qui fait que la plus faible, la plus enfant a une volonté terrible.

« Magie pour dompter notre destinée, obstacle du charme féminin qui retarde le penseur, le travailleur,

28

l'artiste, qu'il inspire en même temps. Compensations pour lui qui joue avec le feu.

« Est-ce que ce siège des voluptés réveille des souvenirs ? Mais le nouveau venu ne devine-t-il pas aussi l'oracle, la prophétie de cette chose merveilleuse entre toutes ? Les cuisses rapprochées : double caresse. Jalouses, enfermant le ténébreux mystère, le beau plan d'ombre rendu plus marqué par la lumière des cuisses.

« J'entends le merle en te dessinant, petit torse, jardin des plaisirs.

« Comme cette grâce s'est assombrie ! Une nuit, un crépuscule vient de s'étendre, pénétré de cette vie plus intense qui se voile naturellement ; pouvoir des formes géométriques ; jamais la dureté des mauvais artistes.

« Ce que ce voile d'ombre laisse voir, c'est cet endroit du flanc où l'os de la jambe glisse dans sa cavité, où au toucher la paume des mains s'emplit naturellement des formes. Les cuisses, protectrices des pudeurs, adoucissent alors leur chair et les satinent.

« Ah ! cette émotion que la main éprouve dans la caresse du modelé ! »

Amoureux des paysages et des fleurs, Rodin a épinglé, çà et là, ces notes :

« Sans ombre, sans lumière, le ciel bleu est profond. La beauté s'est installée sans effort dans ces allées. Cette jeunesse dans son orgueil. Les verts sont éclatants jusque dans leur ombre. »

Ailleurs :

« Fleurs. Cette tige est grosse ; elle jette ses boutons

en l'air comme des encensoirs. Les boutons se touchent comme des oiseaux au fond d'un nid. De la verdure tendre, de la symétrie, je ne sais quelle mollesse de beauté ! »

Ou bien :

« Petits pétales s'ouvrant, vifs comme les ailes de l'Amour. »

« La présentation de ces pétales enroulés et endormis, c'est le bouton grossi et porté mollement à vos yeux.

« Ce culot, comme une jolie tasse verte, supporte, avec quel amour, ces pétales qui maintenant se penchent outrageusement dehors, servent de collerettes à ceux qui sont encore au centre, penchés, les uns devant les autres. Au centre, des graines vertes sont enchâssées par l'orfèvre Dieu. »

Ou ces jolies images :

« Fleurs. Elles étendent leurs petites mains au soleil. »

« Cette musique comme si on respirait une rose : parfum de la musique. »

Lisez à présent cette pensée, toute pour les fleurs :

« Comme je me suis dispersé, je rassemble maintenant ma vie auprès des fleurs.

« Jeune, je ne les connaissais pas : c'était pour ma sœur. Vieux, je suis dans la joie. Dieu se révélant et Vénus tout ensemble, sont là. La volupté couvre le monde ; et le seul instinct des femmes l'a toujours compris ! »

Voici un coin de paysage :

« Un petit mouvement de soleil s'est fait, mais il laisse le paysage comme avant dans un repos humide. On s'aperçoit du bonheur des campagnes quand on les voit de loin : on sent qu'elles sont bénies et protégées. Le beau temps s'élargit ; les persiennes du paysage s'ouvrent. »

Et ces aspects de fleurs :

« Cette petite fleur de marronnier, de profil et de face, a une tête de lion héraldique.

« L'aubépine est toute jolie. La charmante feuille, aux fleurs si vives.

« La petite aubépine couchée sur une table, c'est la grâce même ; toutes ses petites feuilles et fleurs vous regardent. »

La forêt, à Bruxelles, lui inspire ces notes brèves, impressionnistes :

« Des feuilles, branches délicates de vert sur vert ; au delà, des tiges noires, rares, barrant le ciel.

« C'est tellement sombre que l'on voit à peine l'arrivée de l'arbre sur le terrain de feuilles sèches.

« Le jour enfin pénètre. Quantité de jeunes arbres touffus, arbres nombreux : fond d'aquarium qu'on dessine par un jour douteux, du haut, du gris.

« Cette lumière si indécise. Pays des brumes. Le vert des arbres confondu avec les feuilles jaunâtres, rouges.

« Au seuil, un seul arbre éclairé : le premier, à l'avant-garde ; les autres confondus, entrevus à peine. »

Cette image d'autrefois :

« Dans la forêt, la bonne Notre-Dame ! Cette petite chapelle se présente comme les paysannes, les naïves, les petites filles ; mais elle est le repère du chemin pour le voyageur, le touriste.

« Elle est un centre, un carrefour ; on va la visiter comme les boutiques publiques, autrefois. »

Cette note :

« La forêt paraît avoir des trous. L'arbre, ses feuilles sont détachées sur des trous noirs ; et des fûts continuent à s'enfoncer, éclairés de raies roses dans le bas, annonçant la profondeur. »

Ce souvenir :

« Chère forêt de Grœnendael !... C'est là peut-être que j'ai trouvé ma Muse sauvage ! »

Parfois la sculpture épouse le paysage :

« Le XVIIIe siècle est dans la donnée du plan égyptien, mais plus près pourtant de la donnée du gothique. Le sphinx égyptien, plus énorme, plus orné, est notre cathédrale : les grandes lignes silencieuses et la croupe des nefs ; les tours constituent son cou altier.

« L'homme se retrouve, du reste ; il tourne pour se retrouver mille ans après ; le feu qui produit ses élans est notre cœur.

« Combien de fois j'ai vu, dans ces attirantes et captivantes sculptures du XVIIIe siècle, cet immense principe !

« Etant jeune, étant sculpteur, longtemps j'ai, sans doute, cherché le charme, la chose qui me surpassait et qui donnait raison aux amateurs, de trouver dans le XVIIIe siècle de grandes œuvres d'art que les professionnels ignorent, parce qu'avec leurs œillères, ils se mentent et ne voient plus le plan qui n'a de style que par ses franges, mais qui est éternel comme la Nature, émanation directe qui tient tout et courbe les vrais artistes sous sa vérité, dussent-ils être à quatre mille ans de distance !

« La vérité n'a pas d'âge !

« Quand ce sphinx modèle son corps dans l'amoncellement des brumes, quand il apparaît lointain, quelle poitrine ne tremble pas d'impression ? aussi lorsque ce temps qui passe outre, avec son cortège de pluie ou de lumière, laisse voir le monstre !... il se lève immense comme le génie de l'homme, et l'admiration arrive comme une amie à vos côtés. »

Voici d'autres notations ; des paysages d'architecture et des portraits de femmes, pris çà et là :

« Le Pont du Gard étonne d'admiration. Depuis deux mille ans, il parle au paysage, et le paysage sauvage et vaste lui répond. Lumineuse pensée en pierre de l'homme qui réveille ceux qui, jusque-là, avaient été insensibles. La beauté de la main de l'homme produit comme la main de Dieu des âmes nouvelles et transformées. »

Une Arlésienne :

« Cette fleur est toute du pays. Ses beaux cheveux noirs, le chignon à l'antique. Ces adorables femmes savent mourir dans la nature embaumée ; leur grâce est suspendue sur les siècles ; et elles gardent le souvenir du peuple divin : les Grecs.

« L'antique est confondu avec le bonheur de ma jeunesse ; il est plutôt toute ma jeunesse ! »

Ce cri :

« Oh ! calme et profonde jouissance quand, à propos d'une fleur aimée, on résume sa vie ! Quand l'énorme monstre laisse l'âme d'amour prier, c'est un hommage pieux au Créateur. Quand, à propos d'un modèle, il recule de quatre mille ans en arrière, l'homme admire la solidité de l'ouvrage où il n'y a pas trace d'usure. Vous le savez, filles des Abbruzzes, vous, Grecques altières, qui posez pour moi ; vous le savez, vous, qui, polies par la continuation des grâces, réapparaissez entières de style et de beauté ! »

Au musée du Louvre :

« Tous les dieux ont été nos dieux d'élégance. Aujourd'hui, ils sont nos dieux du modelé. »

A Bruxelles, portraits de femmes :

« Tous les fonds de Rubens sont gris comme le ciel du pays. Toutes les chairs sont éclatantes comme les femmes du pays ! »

« Trois petites blondes. Elles restent, se détournent ; elles nous ont vus. Elles feront cela toute leur vie, et c'est assez, et c'est la vie des femmes, et c'est le charme de la vie des envoyées de Dieu ! »

« Trois autres sont là. Elles paraissent comme le lait qui se gonfle. Elles écarteront tout insensiblement pour vivre, comme cette journée a écarté les autres jours. »

« Les trois grâces revenues. Elles n'ont encore qu'une grâce enfantine. Ces roses petites filles seront les femmes terribles de l'avenir. L'instinct leur donnera le monde ! »

A propos de Sainte-Gudule :

« Combien de fois j'ai cru l'apercevoir !... Hier, et en face, j'ai cru lui reprocher tous ses défauts ; défauts que je lui avais donnés.

« Telle est l'ignorance ; elle ne se contente pas d'ignorer : elle critique. »

« Sainte-Gudule m'a regardé avec la perfection de la Joconde. »

« Les effets de Sainte-Gudule sont délicieusement délicats comme ceux de la Renaissance.

« Cet autre petit chef-d'œuvre, la Place de l'Hôtel-de-Ville qui lui répond, gracieusement ! »

« Il faut revoir ce que nous avons mal vu. »

Et, en rentrant à Paris, Rodin note ceci :

« Je vote pour que le plus athénien des conseillers envoie les statues aux gravats, et qu'il réserve à Paris la pureté de son goût.

« Mais lesquelles choisira-t-il ?

« Moi, je suis déjà suspect : Becque, Hugo, Le Penseur. »

« L'on érige des statues équestres comme on fait des maisons. Cela n'a pas besoin de beauté, et n'a pas d'importance ! »

Il retrace son admiration ancienne, celle d'hier et celle d'aujourd'hui :

« Comprendre ! c'est ne pas mourir ! Pour moi, les chefs-d'œuvre antiques se confondent dans mon souvenir avec toutes les félicités de mon adolescence ; ou plutôt, l'Antique est ma jeunesse elle-même, qui me remonte au cœur maintenant et me cache que j'ai vieilli. Dans le Louvre, jadis, comme des saints à un moine dans son cloître, les dieux olympiens m'ont dit tout ce qu'un jeune homme pouvait utilement entendre ; plus tard, ils m'ont protégé et inspiré ; après une absence de vingt ans je les ai retrouvés avec une allégresse indicible, et je les ai compris. Ces fragments divins, ces marbres vieux de plus de deux mille ans, me parlent plus haut, m'émeuvent plus que les êtres vivants. Qu'à son tour le siècle nouveau médite sur ces merveilles et tâche de s'élever jusqu'à elles par l'intelligence et l'amour. Il leur devra ses meilleures joies. L'homme peut être le forgeron de son bonheur...

« L'Antique et la Nature sont liés du même mystère. L'Antique, c'est l'ouvrier humain parvenu au suprême degré de la maîtrise. Mais la Nature est au-dessus de lui. Le mystère de la Nature est plus insondable encore que celui du génie. La gloire de l'Antique est d'avoir compris la Nature. »

Ailleurs, il dira :

« La nature ne rate jamais rien, elle. Elle produit toujours des chefs-d'œuvre. Voilà notre grande et seule école à tous ; les autres écoles sont faites pour ceux qui n'ont ni instinct ni génie !

« Dante, dans sa *Divine comédie*, a rassemblé, pour

évoquer le ciel, une foule d'images ; mais il est dans la nature, le ciel. Oui, une vierge, par exemple ; un parterre de fleurs magnifiques ! Nous ne pouvons rien imaginer de plus beau !

« En art, du reste, on ne crée rien ! on interprète la nature selon son propre tempérament, voilà tout ! »

Et il note ceci :

« Les anciens ont obtenu, avec un minimum de gestes, par le modelé, et ce caractère individuel, et cette grâce empreinte de grandeur qui apparente la forme humaine aux formes de la vie universelle. Le modelé humain a, chez eux, toute la beauté des lignes courbes de la fleur. Et les profils sont fermes, amples comme ceux des grandes montagnes : c'est de l'architecture. Surtout, ils sont simples ; ils sont calmes comme les serpents d'Apollon. »

Enfin, la Vénus de Milo lui fait écrire ces remarques éloquentes :

« Peut-être les dénominations anatomiques ont-elles eu cet effet déplorable d'imposer aux esprits le préjugé de la division des formes corporelles. La grande ligne géométrique et magnétique de la vie en reste comme brisée dans le regard du passant : ces analyses théoriques ont altéré, chez les non-initiés, le sens du vrai.

« Le chef-d'œuvre proteste contre cette idée factice et fausse de la division. Ces formes concordantes, qui passent les unes dans les autres, comme ondulent les nœuds du reptile, et qui se pénètrent soudainement, c'est le corps, dans sa magnifique unité.

« Livré à lui-même, l'ignorant n'aperçoit que les détails apparents des choses ; la source de l'expression, la synthèse, seule éloquente, lui échappe. Il est regrettable que la description anatomique apporte, en quelque sorte, des arguments à l'ignorance plastique des foules en appelant par des mots leur attention sur les diverses parties dont se compose l'architecture corporelle. Ces mots pédants, biceps, triceps brachial ou crural, et tant d'autres, ces mots courants, bras, jambe, n'ont point de signification, plastiquement. Dans la synthèse de l'œuvre d'art, les bras, les jambes ne comptent que s'ils se rassemblent selon des plans qui les associent en un même effet. Et il en est ainsi dans la nature, qui ne se soucie pas de nos descriptions analytiques.

« Les grands artistes procèdent comme la nature compose, et non pas comme l'anatomie décrit. Ils ne sculptent pas tel muscle, tel nerf, tel os pour lui-même ; c'est l'ensemble qu'ils visent et qu'ils expriment ; c'est par larges plans que leur œuvre vibre dans la lumière ou entre dans l'ombre.

« Ainsi, du point d'où je regarde la Vénus de Milo, tout le profil de trois quarts est ruisselant de clarté, tandis que le côté opposé baigne dans l'ombre. A peine, vers le bas du profil de trois quarts, distingue-t-on des demi-teintes. Plus haut, plus loin, la tête s'élève et règne, modelée par les clairs-obscurs, cependant que les lignes reposantes, les lignes penchées du dos concertent leurs mélodies lentes. Quelle condescendance expriment les longues lignes douces de ce dos et la fuite des reins dans la demi-teinte !

« Sublime orgueil du marbre ! Vie tranquille de l'âme corporelle ! La nature est une harmonie ininterrompue.

« Considérez la Vénus sous tel profil que vous voudrez. Celui que nous admirions tout à l'heure est d'une beauté qui appelle, qui impose l'idée de l'éternel ; mais déplacez-vous, voici un autre profil : il est également marqué du sceau de l'impérissable. Tous, ils sollicitent l'admiration et la tendresse, ils sont heureux, à l'aise dans l'air calme.

« Cette figure a la variété et la liberté d'une fleur, et l'artiste, penché attentivement sur elle, se relève, religieux : il a entendu parler Vénus.

« Je tourne autour d'elle ; voici un autre profil, et je regarde la figure. Il y a de l'ombre dans cette bouche ; tout à l'heure il n'y en avait pas ; au dessin s'est ajouté le modelé, et les lignes qui hésitaient se décident. Le bord des lèvres est un peu ourlé, le bord des narines aussi, ce sont les signes de la jeunesse. Cette bouche est d'un dessin d'école, mais sur un plan de maître. L'erreur serait de chercher la commissure des lèvres. Tout est dans le plan de la tête, de la joue. Cette joue, qui m'apparaît en profil perdu, cette joue est toute la Sculpture, comme une vertu est toute la Vertu. — O bouche si simple, si naturelle, si généreuse ! Elle retient des milliers de baisers ! Impossible d'échapper à son charme. Le plus ignorant visiteur lui-même en est touché. Comme on voit bien que la femme a posé pour la divinité !

« L'âme des formes respire dans la vie profonde de ce corps palpitant. Je vois sa magnifique armature d'os comme je vois ses pensées. Toute cette grâce, cachée et présente, organisée si fortement ! Par delà cette forme douce comme le miel, où l'œil ne surprend ni noirs ni éclats, mais où la vie coule sans cahots ni sursauts, claire comme l'eau vive, on sent si bien la résistance d'une ferme et puissante charpente ! Soutenue par ces bases qui ne faibliront pas, assurée de leur solidité, la chair bondit avec allégresse, comme si elle voulait échapper à ces ombres redoublées qui s'épaississent sous les seins pour les faire surgir, tandis que la lumière ardente semble émaner du torse.

« Et la haute figure adorable fait à tous l'accueil complaisant de la vie.

« Les ombres, le jeu divin des ombres sur les marbres antiques ! On peut dire que les ombres aiment les chefs-d'œuvre. Elles s'y accrochent, elles leur font une parure. Je ne retrouve que chez les Gothiques et chez Rembrandt de tels orchestres d'ombres. Elles environnent de mystère la beauté, elles nous versent la paix et nous permettent d'écouter sans trouble cette éloquence de la chair, qui mûrit, qui amplifie l'esprit.

« Cette éloquence darde sur nous la vérité, diffuse comme la lumière. C'est le rayonnement de l'allégresse. Quelle secrète émotion m'envahit devant la grâce méditée de ce modèle. Passages ineffables de la lumière à l'ombre ! Inexprimable splendeur des demi-teintes ! Nids d'amour ! Que de merveilles qui n'ont pas encore de nom dans ce corps sacré ! »

A LA RECHERCHE
DE LA BEAUTÉ UNIVERSELLE

CEUX qui persistent à affirmer que Rodin n'admire que ses propres œuvres, ceux-là sont des gens peu renseignés ; car ce n'est plus un secret, aujourd'hui, que Rodin, au contraire, collectionne avec une passion que lui envient sans doute, dans le ciel, les âmes de Dutuit et de Du Sommerard.

Avec une telle passion, oui, qu'un catalogue de toutes ses acquisitions serait déjà une chose fort longue à établir. Car l'art antique et l'art médiéval sont abondamment représentés dans les vitrines et dans les salles de l'hôtel Biron et de Meudon.

Et c'est la recherche seule de la Beauté universelle qui exerce son emprise sur Rodin ; il est assez indifférent, en effet, à la matière elle-même ; et les pièces rares ne le tentent point, quand elles ne sont point admirables.

Mais, pour tout ce qui est beau, avec quelle vivacité, avec quelle jeunesse d'admiration, il exprime sa joie !

Il est aussi sensible à une fresque de la préhistoire qu'à une poterie lacustre. Il croit fermement que la Beauté a été de tous les temps ; et c'est cette idée absolue qui rend ses collections si captivantes et si variées.

Visitez-les durant un très long moment. Vous y verrez l'Egypte représentée par ses témoignages religieux et funéraires : peintures murales, objets de toilette, porteuses d'offrandes, éperviers, statues de bois, reines de l'époque Saïte, etc., etc. Puis, voici des objets de l'ancien Orient, de la Chaldée et de l'Assyrie : des bas-reliefs extraordinaires ; des profils d'officiers et de rois combattants, de lionnes et de lions. Puis encore, des têtes de reines et des frises de Perse.

L'art grec a, chez Rodin, également, toutes ses sources. Un grand moulage en plâtre de l'Héra de Samos dont l'original est au musée du Louvre, annonce, à l'hôtel Biron, les collections.

Voici des sculptures du VIe siècle, telles qu'on en voit dans les musées de Delphes et de l'Acropole. Puis des fragments merveilleux : torses, bras, têtes ; des détails de la grande époque de Phidias ; et Rodin a présenté tout cela, avec amour, surtout à Meudon, dans la grande galerie dite des antiques.

Il a amassé jalousement de quoi orner une vaste salle d'opulent musée. Chez lui, tous ces beaux fragments sont un peu entassés, attendant le moment d'une délivrance.

Aussi bien, un long examen est nécessaire pour tout considérer ; mais combien lucide, combien enchanté, quand le maître est en humeur de commentaires. Alors, on est tout de suite très loin des textes appris, des jugements des professeurs bâtés et des conférenciers épuisés.

L'art grec expliqué par Rodin ! Voilà un véritable gala de paroles ! et, pourtant, tout est dit par lui d'une façon improvisée, selon l'inspiration du moment, selon aussi un éclairage nouveau qui intervient et change les plans des ombres.

Et tout est affirmé d'une parole convaincue, mais pas bruyante. Il semble que l'écho de son admiration toujours renouvelée ne doive pas aller plus loin que la personne de son interlocuteur ; et, en effet, à y réfléchir, c'est bien pour sa propre joie, toute seule, que Rodin dit ces choses si originales, que personne ne recueille, d'ailleurs, pour un des seuls livres d'art proprement dits que l'on devrait, en ce temps, publier.

Le sublime art grec! C'est pour réentendre un écho de ces admirables discours, que, souvent, il m'est arrivé de relire les lyriques pages suivantes, choisies dans la très belle *Histoire de l'art*, de M. Elie Faure :

« Avec lui (Phidias), le modelé n'est plus une science, il n'est pas encore un métier, il est une pensée vivante. Les volumes, les mouvements, la houle qui part d'un angle du fronton pour aboutir à l'autre, tout est sculpté par le dedans, tout obéit aux forces intérieures pour nous en révéler le sens. Le flot vivant parcourt les membres, les remplit tout à fait, les arrondit ou les allonge, modèle les têtes des os, et ravine comme une plaine les torses glorieux, du ventre secret au tremblement dur des mamelles. Par la sève qui monte et le fait battre, chaque fragment de matière, même brisé, est à lui seul un ensemble mouvant qui participe à l'existence de l'ensemble, reçoit et lui renvoie sa vie. Une solidarité organique les attache invinciblement. La vie supérieure de l'âme, pour la première et la seule fois dans l'histoire mêlée et confondue avec la vie torrentielle des éléments indifférents, se lève sur le monde, ivre et forte, dans la jeunesse immortelle d'un moment qui ne peut durer.

« Du crépuscule au crépuscule, les frontons déroulent la vie. En eux la paix descend avec la nuit et la lumière monte avec le jour. La vie grandit, marche sans hâte, décroît, des deux bras de Phoibos qui émergent de l'horizon, tendus vers le sommet du monde, à la tête de cheval dont le corps est déjà dans l'ombre, de l'autre côté du ciel. Toute la vie. Sans interruption ses formes se continuent. Comme des végétations pacifiques elles sortent de terre, et, dans l'air dont elles vivent, unissent leurs rameaux et mêlent leurs frondaisons. Seules ou enlacées elles se continuent, ainsi que la plaine où se perd la colline, la vallée qui remonte vers la montagne, le fleuve et son estuaire qu'absorbe la mer et le golfe qui va du promontoire au promontoire. L'épaule est faite pour le front qui s'y pose, le bras pour la taille qu'il étreint, le sol prête sa force à la main qui la presse, au bras qui s'en élance comme un arbre rugueux et soulève le torse à demi couché. C'est l'espace sans bornes qui va se mélanger au sang dans les poitrines, et, quand on regarde les yeux, on dirait qu'il épouse, au fond de leurs eaux immobiles, l'esprit qui est venu s'y reposer pour y recouvrer sa vigueur. Le cours mécanique des astres, la rumeur de la mer, l'éternelle marée des germes, la fuite insaisissable du mouvement universel passent incessamment dans ces formes profondes pour y fleurir en énergies intelligentes.

« Grande et solennelle minute ! L'homme prolonge (continue M. Elie Faure) la nature dont le rythme est dans son cœur et détermine, à chaque battement, le flux, le reflux de son âme. La conscience explique l'instinct et remplit sa fonction supérieure, qui est de pénétrer l'ordre du monde pour lui mieux obéir. L'âme consent à ne pas abandonner la forme, à s'exprimer par elle, à faire jaillir de son contact l'unique éclair ; l'esprit est comme le parfum du sensualisme nécessaire et les sens demandent à l'esprit de justifier leurs désirs ; la raison n'affaiblit pas encore le sentiment qui puise, en l'épousant, une force nouvelle ; l'idéalisme le plus haut ne perd jamais de vue les éléments réels de ses généralisations, et quand l'artiste grec modèle une forme immédiate, elle resplendit sans effort d'une vérité symbolique.

« L'art grec, à ce moment, atteint l'instant philosophique. Il est un devenir vivant. Idéaliste dans son désir il vit, parce qu'il demande à la vie les éléments de ses constructions idéales. Il est l'espèce dans sa loi, l'homme et la femme, le cheval et le bœuf, la fleur, le fruit, l'être exclusivement décrit par ses qualités essentielles et fait pour vivre tel qu'il est dans l'exercice supérieur de sa fonction moyenne. Il est en même temps un homme, une femme, un cheval, un bœuf, une fleur, un fruit. La grande Vénus, paisible comme un absolu, est voulue par toute la race. Elle résume son espoir, elle fixe son désir, mais son cou gonflé, ses beaux seins mûrissants, ses flancs qui bougent la font vivante. Elle prête son rayonnement à l'espace qui la caresse, dore ses flancs, fait se soulever ses poumons. Il la pénètre, elle se mêle à lui. Sur les promontoires, près de la mer illuminée, le sculpteur peut l'abandonner à l'étreinte du ciel : intacte ou mutilée, elle est l'insaisissable instant où l'éternité se rencontre avec la vie universelle.

« Cet état d'équilibre (termine M. Elie Faure), où toutes les puissances vitales paraissent suspendues dans la conscience de l'homme avant d'en rejaillir multipliées sous des formes définitives, donne sa force à tout le grand art grec. L'anonyme d'Olympie, Phidias et ses élèves, les architectes de l'Acropole expriment les mêmes rapports, le même univers prodigieux et confus ramené à l'échelle humaine, la même raison supérieure aux accidents de la nature, et subordonnée à ses lois. Mais le langage de chacun reste aussi personnel que son corps, ses mains, la forme de son front, la couleur de ses yeux, toute sa substance première qui s'écrit dans le marbre avec le même trait que l'ordre universel compris et extériorisé. Voyez la foi, l'élan presque sauvage du statuaire d'Olympie, sa phrase rude et large ; voyez la religion, l'énergie soutenue, le recueillement de Phidias, sa longue phrase balancée ; voyez, aux frises du pourtour, la discrétion de ses élèves qui n'ont ni sa liberté ni sa puissance, mais qui sont nobles comme lui et calmes comme lui parce qu'ils vivent comme lui une heure de certitude. L'homme, l'animal, l'élément, tout consent à son rôle, et l'artiste a sur tout son cœur fraternel, sur toute sa grande âme ouverte, la joie de ce consentement. C'est avec le même esprit qu'il raconte la tiédeur des femmes, la force des hommes et la rumination des bœufs. Vie glorieuse comme l'été ! L'homme a saisi le sens de son action, c'est par ce qui est autour de lui qu'il s'affranchit et s'améliore, c'est par lui-même qu'il humanise ce qui est autour de lui. »

Rodin, avec un constant enthousiasme, a réuni aussi à l'hôtel Biron et à Meudon, des Tanagras, graves, voilées, et des Tanagras grotesques : petites figures de monstres à ventres rebondis, à visages ricanants, à jambes contrefaites ; tout ce qui constituait l'art de la Grèce familière.

Et les statuettes syriaques se mêlent, dans ses collections, aux canthares d'Epigenes, aux coupes de Chélis, parce que, pour ces vases, la forme en est gracieuse, et que, sur leurs flancs, des personnages racontent des détails de la vie antique.

Et voici ensuite combien de bas-reliefs et de stèles funéraires ! toute une longue histoire écrite par des gestes expressifs et rythmés !

Dans une autre vitrine, Rodin a recueilli des fragments de l'âme indoue ; des parties de bas-reliefs de Mahavellipore et du Mont-Abou ; des bronzes du XIVe siècle et des miniatures du XVIIe siècle.

Avec quelle passion il parle encore des temples de ce merveilleux art khmer! Le palais d'Angkorvat, surtout, où une frise, dite des Apsaras, représente d'extraordinaires petites danseuses, aux visages souriants, aux bras recourbés, aux jolis torses, arrondis et pleins! Petites danseuses charmantes, aux yeux ingénus, qui se survivent dans les danseuses actuelles de l'Extrême-Orient !

Et quels éléphants énormes, magnifiques, mangés par les luxuriances d'une flore fantastique ; lourdes têtes pensives qui émergent des arbres, des feuilles-parasols et d'une terre pleine de sucs ardents !

Voyez une autre vitrine. Ici, c'est un peu de l'âme de la Chine monstrueuse. Des spécimens de l'art bouddhiste, des bas-reliefs extraordinairement réalistes. Puis, des fragments de délicates peintures du xe siècle, des peintures d'animaux et d'enfants ; et des paravents décorés de toutes les flammes de l'or et de la couleur !

Voici encore des cloisonnés des Mings, des porcelaines et des sculptures sur bois taoïstes du XVIIIe siècle.

Autre vitrine : le Japon.

Statues de bois, peintures bouddhistes, voici de nouvelles richesses. Puis des estampes, des céramiques, des netzkés, bois et ivoire, des XVIIe et XVIIIe siècles ; tout cet art charmant, délicat, pittoresque, ingénieux, qui a représenté des enfants, des animaux, des grotesques, et qui sont patinés en tons de pain d'épices ou de chicorée. Admirables bibelots familiers que Rodin a égrenés, çà et là, et qui allège la gravité des fragments de pierre que l'on vient de considérer, près d'eux !

Et maintenant, des miniatures persanes voisinent avec des tapis ; et des figures d'églises romanes précèdent des fragments, choisis, d'art ogival.

Mais ses pièces les plus rares, Rodin les conserve à Meudon ; et il y a telles de ces très antiques effigies, déjà notées, qui s'effritent littéralement, dès qu'un peu d'air se glisse sous la cage de verre qui les abrite.

Figures enlevées au vide absolu des tombeaux !

A l'exemple d'Edmond de Goncourt, Rodin pourrait, aussi, touchant sa villa de Meudon et ses collections, publier une seconde *Maison d'un artiste;* car combien j'oublie de pièces curieuses, extraordinaires, dans cette rapide revue d'ensemble.

De l'art moderne, Rodin n'a retenu — je l'ai dit — que quelques peintures.

A l'hôtel de Biron, au-dessus de son bureau de travail, il garde une peinture : un torse de femme, peint par Renoir.

Mais, rien ne vaut pour lui la découverte d'une sculpture antique, que ce soit un torse grec, une lionne assyrienne ou un masque chinois !

Aussi un milliardaire américain ne saurait s'intéresser une minute à une telle collection !

Avril 1913.

ESSAI DE CATALOGUE

ANNÉES	
1864.	L'homme au nez cassé.
1865-1870.	Travaux chez Carrier-Belleuse.
1871.	Buste d'Alsacienne.
1872-1877.	Frises de la Bourse, à Bruxelles ; et travaux décoratifs divers.
	Buste du Dr Thiriar.
	Divers autres bustes.
	L'Age d'airain.
	Travaux décoratifs au Palais du Trocadéro.
1878-1879.	Tête de saint Jean-Baptiste prêchant.
	Divers.
1880.	Saint Jean-Baptiste prêchant.
	Travaux à la manufacture de Sèvres.
1881.	Eve.
	Divers.
1882.	Bustes de Jean-Paul Laurens et de Carrier-Belleuse.
	Divers.
1883.	Buste d'Alphonse Legros.
	Divers.
1884.	Bustes de Victor Hugo et de Dalou.
1885.	Buste d'Antonin Proust.
	Divers.

ANNÉES —	
1886.	Buste d'Henry Becque.
	Le Baiser.
	Première esquisse du monument à Victor Hugo.
1887.	Persée et la Gorgone.
1888.	L'homme qui marche.
	Premiers Bourgeois de Calais.
	Divers.
1889.	Statue de Bastien-Lepage.
	Groupe en plâtre des Bourgeois de Calais.
	La Pensée.
	Médaillon de M. Octave Mirbeau.
	Divers.
1890.	La vieille heaulmière.
	Buste de Castagnary.
	Divers.
1891.	Frère et sœur.
	Etc...
1892.	Buste de Puvis de Chavannes et d'Henri Rochefort.
	Monument à Claude Lorrain.
1893.	Divers groupes : plâtre, bronze et marbre.
1894.	Orphée et Eurydice.
	Divers.
1895.	Les Bourgeois de Calais (bronze).
1896.	Groupe plâtre du monument à Victor Hugo.
1897.	Études pour le Balzac.
	Divers.
1898.	Balzac.
	Divers.
1899.	Monument du Travail (maquette).
	Buste de Falguière.
	Divers.

ANNÉES	
1900.	Statue du Président Sarmiento.
1901.	Victor Hugo (marbre pour le musée du Luxembourg).
	Divers.
1902-1903.	Divers groupes.
	Les ombres (3 grandes figures — plâtre).
	Etc., etc...
1904.	Le Penseur (bronze).
	Buste d'Eugène Guillaume.
	Divers.
1905.	Paolo Malatesta et Francesca da Rimini.
	Décoration de la villa du baron Vitta.
	Bustes divers.
	Monument à Rollinat.
1906.	Bustes divers.
1906-1912.	Bustes ; groupes et travaux divers.

TABLE DES CHAPITRES

TABLE DES GRAVURES

32

ACHEVÉ D'IMPRIMER

Pour JULES TALLANDIER, Éditeur

PAR

Paul HÉRISSEY, Imprimeur

A ÉVREUX

www.ingramcontent.com/pod-product-compliance
Ingram Content Group UK Ltd.
Pitfield, Milton Keynes, MK11 3LW, UK
UKHW020547180726
13838UKWH00001B/85

9 782329 306797